UNE FAMILLE DE MARINS

Par J. DE LA FAYE

3404

LES DU PETIT-THOUARS

DIEU ET PATRIE

BLOUD & BARRAL

4, rue Madame, 4

PARIS

8° Lm³
991.7

UNE FAMILLE DE MARINS

~~~~~~~~~

LES DU PETIT-THOUARS

BATAILLE D'ABOUKIR

UNE FAMILLE DE MARINS

~~~~~~

LES DU PETIT-THOUARS

Par J. de la FAYE

Avec Préface du Contre-Amiral F.-E. FOURNIER

PARIS

LIBRAIRIE BLOUD & BARRAL

4, RUE MADAME, ET RUE DE RENNES, 59

PRÉFACE

~~~~~~~~

Ce nouvel ouvrage, d'un auteur si profondément attaché à l'histoire des illustrations militaires et maritimes de la France, est particulièrement intéressant par la simplicité du style, l'élévation des sentiments et le caractère fortifiant de ses enseignements.

A tant de titres, il est bien propre à éveiller dans la jeunesse vibrante des écoles le goût de la carrière maritime malheureusement trop étranger à nos aptitudes nationales et dont dépend cependant le recrutement des états-majors de notre flotte.

Pourrait-on trouver, en effet, dans les fastes militaires d'aucun peuple, un exemple d'héroïsme plus saisissant que le dévouement du commandant Aristide du Petit-Thouars, capitaine du *Tonnant*, attirant sur son vaisseau tous les coups de l'ennemi, dans la terrible mêlée d'Aboukir, à l'heure suprême de la déroute, et soutenant encore, sans faiblir, après une lutte écrasante et prolongée, un combat opiniâtre au milieu de quatre vaisseaux anglais ; puis, enfin, les jambes brisées par la mitraille, criblé de blessures, se faisant déposer dans un baril de son, sur le pont de son bâtiment, pour retenir son sang et son dernier souffle afin d'exhorter plus longtemps les débris mutilés de son valeureux équipage à se sacrifier pour le salut de l'escadre !

Mais, les hauts faits dont abonde l'histoire des du Petit-Thouars ne sauraient tenir dans le cadre étroit d'une préface. Ils se déroulent, d'ailleurs, dans la suite entraînante des pages de ce beau livre, avec un tel caractère de vérité, que je dois me borner à détacher de cet ensemble la noble et sympathique figure de mon ancien chef, si regretté de tous, le Vice-Amiral Bergasse du Petit-Thouars, pour en faire ressortir les vigoureux reliefs.

S'il n'a point été donné, en effet, par la Providence, à ce vaillant, la satisfaction suprême qu'il rêvait de verser, lui aussi, tout son sang pour son pays, à la tête de nos escadres, il a pu, du moins, tracer par ses exemples les voies où doivent tendre tous nos efforts pour assurer le succès de nos armes.

Son portrait, au physique et au moral, était de ceux que la Patrie aime à fixer dans le marbre et dans l'histoire en témoignage impérissable de sa reconnaissance pour ses fils les plus dévoués.

L'auteur si sympathique de cet ouvrage et M. Bourgeois, alors ministre des beaux-arts, s'acquittèrent noblement de ce double devoir.

L'amiral du Petit-Thouars avait grand air, une physionomie distinguée empreinte de bienveillance et d'autorité. Il joignait à une touchante piété l'amour de la famille, de la patrie, et la conception la plus élevée de la dignité et des devoirs du commandement.

En lui dominait surtout le *caractère*, cette trempe de l'âme, le plus ferme appui, chez un chef, de l'honneur de son armée, la plus sûre garantie de ses succès et sa sauvegarde, dans les revers, contre toute défaillance. Ne l'a-t-il pas montré, aussi bien en Crimée, dans les batteries de la marine arrosées de son sang, que pendant le siège de Strasbourg et, mieux encore, après la capitulation de cette place, en suivant dans ses pénibles étapes le convoi de nos marins prisonniers, malgré son état d'affaiblissement et ses souffrances, pour partager avec eux les fatigues, les privations et les tristesses d'une captivité rigoureuse?

Il fut d'ailleurs accompagné, dans cette triste circonstance, par sa compagne dévouée, Mme du Petit-Thouars, qui lui prodigua ses soins jusque sur le sol de l'ennemi et y rivalisa de zèle avec lui pour venir en aide à nos marins prisonniers.

Cette religion du devoir le poussait aussi à saisir toutes les occasions d'élever le moral, l'esprit d'abnégation et l'instruction professionnelle de nos équipages à la hauteur des redoutables épreuves qu'ils devront affronter dans une guerre navale, et des sacrifices que réclament d'eux journellement, sur nos bâtiments, la discipline et le service du pays.

Quand il passait, à bord, sur le front des compagnies, il savait leur communiquer, par de chaleureuses exhortations et de pressants appels à leur patriotisme, l'ardeur de combativité dont il était lui-même enflammé.

Il aimait alors à scruter la physionomie et l'attitude de chaque marin, à les voir bien d'aplomb, portant fièrement la tête et les yeux fixés droit sur les siens comme s'il voulait y sonder jusqu'à l'âme les sources de l'énergie humaine.

Il était, à vrai dire, un entraîneur d'hommes. Mais, là ne se bornait pas son action. Il s'efforçait en outre, sur nos bâtiments et dans les ports où il eut l'occasion de porter le champ de son activité, de simplifier, de fortifier et de coordonner, dans tous ses rouages indispensables, la mise en œuvre des moyens de combat et de transmission d'ordres auxquels il attachait une grande importance. C'était, disait-il, les facteurs essentiels de la victoire.

Il estimait enfin que dans la guerre d'escadres, cette victoire, le constant objectif de tous nos efforts, sera plus sûrement arrachée à l'ennemi par des manœuvres d'ensemble très simples, brutales, bien connues à l'avance de tous les capitaines, que par les combinaisons multiples d'une tactique plus savante, mais impuissante à se plier à toutes les exigences imprévues et toujours pressantes d'une rencontre de vaisseaux à vapeur rapides et formidablement armés.

Malheureusement, la mort le foudroya au moment où il se préparait à mettre à profit ses réflexions et l'expérience acquise à la tête de nos forces navales de la Méditerranée en procédant à de nouveaux exercices de combat et de navigation conformes aux nécessités de notre époque.

L'épidémie, qui sévissait alors dans l'escadre et à Toulon, et dont il venait d'être gravement atteint, avait laissé chez lui des traces profondes et manifestes. Une succession ininterrompue de fatigues et de préoccupations tendit à l'excès les ressorts affaiblis de cette organisation nerveuse et impressionnable qui céda tout à coup, et l'Amiral rendit à Dieu son âme de croyant encore embrasée d'ardeurs guerrières.

Il réalisait si bien, à mes yeux, au moral, dans sa vie de soldat, de marin et d'homme privé, le type des preux d'autrefois que, sous les plis rigides du drap mortuaire, sa dépouille mortelle me donna la vision d'une statue tombale de chevalier du Moyen Age couchée, les mains jointes, dans son armure de pierre.

Mais, l'épée tombée des mains du père a été relevée par le fils. Le jeune Aristide du Petit-Thouars, aujourd'hui aspirant de marine, débute dans la carrière maritime à une époque que l'on pourrait qualifier l'*âge d'acier*, car toute l'industrie humaine y semble appliquée à forger des armes mieux trempées et plus redoutables pour les luttes de races et de frontières.

Il trouvera donc, sans doute, l'occasion qu'attendait son père de se montrer digne du héros d'Aboukir, dans les efforts décisifs de notre refonte nationale dont nous avons le devoir de préparer sans répit les voies, les matériaux et les formidables creusets !

Paris, le 25 juin 1893.

Le Contre-Amiral F.-E. FOURNIER.

CHAPITRE PREMIER

———

« Noblesse oblige », disait-on jadis dans notre vieille France, et en vertu de cet adage les fières traditions se transmettaient religieusement de génération en génération comme le plus précieux des héritages. Cet héritage c'était le devoir accompli, le sang versé sur tous les champs de bataille, l'abnégation complète de soi, le dévouement à Dieu et à la Patrie jusqu'à la mort.

Dans cette fin de siècle, où l'âpre lutte pour la vie, l'amour effréné du luxe, des plaisirs et des richesses ont produit tant de défaillances et d'abaissements, il est une famille dont le nom depuis trois siècles se trouve mêlé à tous les événements de notre histoire, dont le blason a pour supports de glorieuses épées d'amiraux, une famille qui conserve pieusement intacts et purs le respect et l'amour des vieilles traditions qui ont fait les saints et les héros. Cette famille, dont je vais essayer de retracer l'histoire si remplie de hauts faits et de sérieux enseignements, est celle des du Petit-Thouars.

Le chef de cette vaillante lignée, Georges Aubert, vint au monde dans une petite gentilhommière du Poitou pendant cette grande année 1593 qui vit l'abjuration du petit-fils de saint Louis.

En ces temps lointains où la valeur, comme dit le Cid, n'attendait pas le nombre des années, une épée n'était jamais lourde à une main de gentilhomme; mais la France, alors sagement gouvernée par le bon roi Henry, se reposait des terribles guerres religieuses qui avaient si longtemps ensanglanté son territoire, et le jeune Poitevin fut envoyé guerroyer en Hongrie au service du roi.

Ce mot *service* résumait alors tous les dévouements. « Saint Louis faisait service à Dieu en délivrant le Calvaire; Bayard faisait service au roi par sa vie et par sa mort ; d'Assas faisait service au régiment d'Auvergne en mettant sa poitrine entre les baïonnettes ennemies et le drapeau français.

« La noblesse commençait le service dès l'enfance. A l'âge de dix ans, on servait comme page auprès de quelque vieux chevalier maître en fait d'honneur ; lorsque le bras de l'enfant pouvait soutenir une épée, on l'envoyait servir à la guerre.

« Si la France était en paix, l'enfant allait servir aux pays étrangers « pour se rendre tant plus capable d'une charge quand le service du roi et de la France le requérait », ainsi que l'écrivait à Henry IV le jeune fils de Duplessis-Mornay avant de partir pour l'armée de Maurice de Nassau (1). »

Pendant plus de dix-sept ans, Georges Aubert combattit sous les ordres des plus vaillants capitaines de l'Empire, les émerveillant par son audacieuse intrépidité.

Le gentilhomme poitevin s'était conquis une si grande situation à la cour de Vienne qu'en 1637, Louis XIII lui confia le soin de préparer avec l'empereur Ferdinand III les négociations de la paix.

(1) Ambert. *Vie de Duplessis-Mornay.*

Après avoir rempli sa mission diplomatique, Georges Aubert dit adieu pour toujours à l'Autriche et rentra en France. Dans un de ses derniers voyages, il avait acheté sur les confins de l'Anjou et du Poitou la seigneurie du Petit-Thouars ; c'était là qu'il pensait vivre et mourir.

Il s'y maria avec Mlle de Busines, mais il ne l'habita qu'à de rares intervalles.

Le roi Louis XIII, pour récompenser ses bons et loyaux services, lui avait donné une charge d'exempt aux Gardes du Corps qui le retenait une grande partie de l'année à Paris. Il s'y trouvait au moment où éclatèrent les premiers troubles de la Fronde et fut tué à la journée des Barricades, laissant deux jeunes enfants.

Seize ans plus tard, son fils Louis tombait à son tour mortellement frappé à la tête du régiment de Picardie dont il était enseigne-colonel.

Le second, Georges, après avoir servi avec distinction dans les Gardes Françaises et occupé longtemps la charge de lieutenant de la Grande Fauconnerie de France, s'éteignit chrétiennement, entouré de respect et de soins par ses dix enfants.

L'un d'eux était prêtre, aumônier de la duchesse de Bourbon ; l'aîné avait conquis sa croix de chevalier de Saint-Louis par de nombreuses blessures, et le duc d'Orléans et le maréchal de Villars rendaient hautement hommage à son intrépide bravoure.

Après avoir pris part aux dernières guerres du règne de Louis XIV, le seigneur du Petit-Thouars avait reçu du Régent le gouvernement du château de Saumur et des villes et pays du Haut Anjou.

Ce fut ainsi que son fils Gilles épousa l'héritière de la maison de Beaumois, aux environs de Saumur. Le petit château de Beaumois existe encore et les gens du pays montrent fièrement aux voyageurs ses toits pointus et son colombier aux ardoises rongées par le temps.

C'est là que vint au monde, le 31 août 1760, le futur héros d'Aboukir. Les traditions de sa race le destinaient à l'armée ; quatre du Petit-Thouars servaient alors sous les drapeaux du roi, et le chef de leur maison était maréchal de camp. Aussi, dès qu'Aristide fut en âge de se passer des soins maternels, on l'envoya rejoindre son frère Louis à l'Ecole militaire de la Flèche.

Mais la lecture de *Robinson Crusoé* fit naître dans l'ardente imagination du jeune écolier une irrésistible vocation de marin, et tandis que

Louis, après de remarquables études, sortait de
la Flèche à seize ans avec un brevet de sous-
lieutenant, Aristide composait des romans d'aventure dont il était le héros.

Un beau jour il voulut passer de la fiction
à la réalité, et il s'évade de la Flèche avec un de
ses camarades aussi exalté que lui.

Sans hésiter, les deux jeunes gens prennent
la route de Nantes, comptant trouver dans le
grand port marchand de la Bretagne quelques
navires en partance et un capitaine complaisant
pour les embarquer comme mousses. On les rat-
trapa en chemin, et le roman d'aventures se
dénoua prosaïquement par une sévère correction.

Le jeune Aristide, confus et repentant, promit
de ne plus songer à *Robinson Crusoé* et aux
îles désertes pour se mettre sérieusement au
travail. Il tint parole, et le rêveur écolier de la
Flèche devint à l'école militaire de Paris un
studieux et brillant élève.

Il en sortit en 1777 pour entrer au régiment
de Poitou. Il y était à peine depuis une année
quand la nouvelle du prochain départ de Cook
pour son troisième voyage autour du monde
vint réveiller brusquement dans l'âme du jeune
officier sa vocation endormie. Et le voilà solli-
citant l'autorisation de quitter l'armée pour

s'engager comme volontaire sous les ordres de l'intrépide explorateur.

Démarches, instances, prières, tout fut inutile, et Aristide du Petit-Thouars, désespéré de l'inflexible refus de son colonel, se croyait condamné à ne jamais connaître ces terres lointaines, ces océans inexplorés auxquels il rêvait depuis son enfance, lorsque soudain éclata la guerre avec l'Angleterre.

Louis XVI, cédant à l'entraînement général, venait de se déclarer l'allié de la jeune Amérique.

Un fébrile enthousiasme agitait la France. Nos vaisseaux armaient en hâte sous la direction du Bailly de Suffren et du comte d'Estaing, et la noblesse s'engageait en masse pour le Nouveau Monde.

Cette fois il ne s'agit plus d'une expédition privée, entreprise sous le pavillon anglais, mais de l'honneur de la France qu'il faut soutenir et défendre contre nos séculaires ennemis ; aussi le colonel de du Petit-Thouars s'empressa-t-il de lui laisser la liberté d'aller guerroyer sur les vaisseaux du roi.

Au comble de ses vœux, le gentilhomme angevin part aussitôt pour Rochefort, où il est reçu comme garde-marine, à bord du *Fendant*, que commandait M. de Vaudreuil.

Nous ne suivrons pas notre héros dans cette brillante campagne maritime qui rendit à la France l'antique éclat que lui avait fait perdre la néfaste guerre de Sept Ans.

Il prit part au légendaire combat d'Ouessant et à la prise du fort Saint-Louis au Sénégal.

Vers la fin de la guerre, il passa sur la *Couronne*, et à la paix, le Roi lui donna le commandement du *Tarleton* avec lequel il fit plusieurs voyages sur les côtes anglaises.

C'est pendant une de ces croisières que s'organisa, en 1785, l'expédition de la Peyrouse chargée par Louis XVI d'explorer l'Océan Pacifique ou, comme on disait alors, la mer du Sud.

Du Petit-Thouars désirait vivement y prendre part ; des circonstances indépendantes de sa volonté le retinrent en Angleterre, et lorsqu'il rentra à Brest, l'*Astrolabe* et la *Boussole* n'y étaient plus.

Il en eut un profond regret, et ce n'est pas sans un certain sentiment d'envie qu'il suivait par la pensée les audacieux explorateurs.

Pendant près de trois années, les vaisseaux du roi, les navires de commerce arrivant de la mer des Indes, apportèrent des nouvelles de l'expédition. Elle avait abordé tour à tour en Tartarie, au Japon, à la Nouvelle Hollande. Soudain, on perdit sa trace.

Dans quels parages s'était-elle aventurée ? qu'était-elle devenue au milieu de l'archipel Océanien ?

En Angleterre on la disait échouée sur quelque récif, et l'ardente imagination de du Petit-Thouars lui représentait les souffrances de La Pérouse et de ses malheureux compagnons emprisonnés sur des rochers stériles, voyant les flots emporter pièce à pièce leurs navires, sans pouvoir les défendre contre leur fureur, et condamnés à mourir de misère les uns après les autres, les yeux fixés sur l'horizon.

Aller à la recherche de ces victimes de la science devint bientôt son unique pensée. Il en parla au Roi. Le triste état de nos finances ne permettait plus à Louis XVI d'équiper une expédition aux frais du royaume, mais il sanctionna hautement cette noble entreprise en donnant à du Petit-Thouars la croix de Saint-Louis et le grade de capitaine de vaisseau.

Encouragé par l'approbation royale, l'énergique marin, sans perdre un jour, organise une souscription pour acheter un navire. Louis XVI voulut s'inscrire le premier sur sa cassette particulière, et l'Assemblée nationale, accédant à la proposition de Nicolas Bergasse, l'un de ses membres les plus remarquables, accorda une subvention de dix mille francs. Malgré ce double patronage, du Petit-Thouars ne réunit qu'une somme insuffisante.

Des préoccupations bien autrement vives absorbaient alors tous les esprits en France. L'avenir était gros de menaces. L'Assemblée nationale avait pris la place des Etats Généraux, une populace affolée avait démoli la Bastille, massacré ses impuissants défenseurs. Qui donc se souvenait, au milieu de cette tempête politique, de la poignée d'hommes jetée par un caprice de l'Océan sur un écueil inconnu !

Seul du Petit-Thouars songeait à ces malheureux, et, se refusant à abandonner son œuvre de dévouement, il prit à sa charge l'armement du navire qui devait le porter au secours des naufragés, et décida son frère Louis à le suivre dans son aventureuse campagne. Pour en couvrir les frais, tous deux vendirent une partie de leur patrimoine.

L'âge, la différence des caractères et des goûts n'avaient pas altéré l'étroite amitié qui les unissait jadis à Beaumois et à la Flèche, et, comme lorsqu'ils étaient enfants, Louis subissait la séduisante influence d'Aristide. Cependant, l'affection fraternelle n'était pas l'unique mobile de l'ancien officier du régiment de la Couronne.

Il avait pour la botanique la passion qu'Aristide avait pour les aventures, et le mirage de toute une flore inconnue à étudier, fascina son imagination.

Cette innocente et paisible passion faillit lui coûter la vie. Au mois de juillet 1792, tous les préparatifs du départ étaient achevés et le commandant du *Diligent* n'attendait plus que l'arrivée de son frère pour donner l'ordre de lever les ancres, quand soudain la rumeur publique lui apprend que celui-ci vient d'être arrêté aux environs de Quimper où il herborisait, et que, malgré ses protestations indignées, il a été jeté en prison.

La déclaration de guerre à l'Autriche a porté à son paroxysme la surexcitation révolutionnaire, aussi bien en province qu'à Paris ; et si la terrible loi des suspects n'est pas encore édictée, elle existe déjà en principe. De perfides insinuations ont représenté l'inoffensif botaniste comme un agent de l'émigration. Ce voyage à la recherche de La Pérouse n'est qu'un prétexte pour tromper la vigilance du peuple et conduire à l'étranger un navire tout armé, qui reviendra bientôt semer la terreur sur les côtes. Il n'en faut pas davantage pour surexciter les défiances et les colères.

Aristide n'eut pas de peine à convaincre les autorités du district de l'absurdité d'une pareille accusation, mais toutes ses instances furent impuissantes à obtenir la mise en liberté immédiate de son frère. Les esprits étaient beaucoup trop montés pour ne pas leur donner une apparence de satisfaction, et on lui conseilla de partir au plus vite, promettant de relâcher l'imprudent botaniste dès que l'effervescence serait un peu apaisée.

Les deux frères se dirent tristement adieu ; mais, espérant quand même en un meilleur avenir, ils se donnèrent rendez-vous à l'île de France. Après une heureuse navigation, du Petit-Thouars abordait à l'île de Sel, non loin du cap Vert. Ce n'était pas l'île déserte qu'avait rêvée son imagination d'enfant. Au lieu d'un paradis terrestre embaumé de fleurs, couvert d'arbres aux feuillages superbes, aux fruits succulents, il trouvait un sol volcanique, sur lequel poussaient à grand'peine quelques maigres plantes desséchées par l'ardent soleil des tropiques et une quarantaine de Portugais à demi morts de faim remplaçaient le légendaire Robinson.

Profondément ému par le récit de leurs souffrances, du Petit-Thouars les prend à son bord pour les transporter dans une autre des possessions portugaises, à Saint-Nicolas.

L'île passait pour fertile, mais un cyclone a

détruit les récoltes et la famine y sévit dans toute son horreur. L'énergique marin avait l'âme compatissante d'un apôtre ; il fut saisi d'une telle pitié à la vue de ces misérables, hâves, défaits, s'arrachant quelques coquillages, fouillant la terre pour y trouver quelques racines, qu'il leur abandonna la plus grande partie de ses approvisionnements ; puis il remit à la voile en promettant de leur faire envoyer des secours de la plus prochaine escale. Il s'éloigna suivi par les bénédictions de l'Evêque de Saint-Nicolas et des malheureux affamés, dont les acclamations enthousiastes le saluèrent longtemps.

Malgré les vœux qui accompagnèrent son départ, l'heure de l'épreuve allait sonner pour du Petit-Thouars.

Le scorbut, cette épouvante des navigateurs, éclata soudainement à bord avec une affreuse intensité. Officiers et matelots succombaient les uns après les autres.

Cruellement décimé, l'équipage n'a plus d'énergie pour se défendre contre la mort. Seul, l'indomptable commandant ne se laisse pas atteindre par la contagion de la désespérance, et, pour ranimer les courages défaillants, le doigt sur ses cartes, il montre à l'horizon l'île de Fernand Noronho.

C'est une terre portugaise, ils trouveront des vivres frais, des soins, le repos qui leur rendront la santé et leur feront oublier toutes les misères de l'heure présente.

Electrisés par la voix de leur chef, les moribonds eux-mêmes retrouvent une ombre de force pour atteindre la nouvelle Terre promise.

Comme le *Diligent* approchait des côtes, des croiseurs portugais lui donnent la chasse, s'en emparent malgré les protestations indignées de son commandant et le remorquent jusqu'à Fernambouc, où il échoue en entrant au port.

C'est en vain que du Petit-Thouars parle de sa mission d'humanité, qu'il évoque le souvenir de sa générosité envers les habitants des îles de Sel et de Saint-Nicolas, le gouverneur de Fernambouc ne veut rien entendre, et, avec une impitoyable dureté, il le fait jeter à fond de cale d'un bâtiment en partance pour l'Europe.

Désespéré, du Petit-Thouars crut mourir pendant cette terrible traversée ; mais Dieu, qui ne laisse pas un verre d'eau sans récompense, le protégea, lui réservant une mort autrement glorieuse.

Après avoir subi une longue détention sur les pontons de Lisbonne, le marin recouvra enfin la liberté, mais sans pouvoir obtenir aucune indemnité pour la perte de son navire.

La France était alors en pleine Terreur. Y rentrer était impossible. Du Petit-Thouars partit pour l'Amérique, où il rencontra beaucoup d'émigrés, entre autres le jeune duc de La Rochefoucauld-Liancourt avec lequel il entreprit un voyage à travers les forêts du Nord-Ouest, alors peuplées de Peaux-Rouges ; ils poursuivirent leur course aventureuse jusqu'au Niagara, visitèrent les grands lacs canadiens ; puis, la nostalgie du pays natal s'empara de du Petit-Thouars et, malgré les amitiés qu'il s'était faites en Amérique, malgré le séduisant attrait de ces terres inexplorées, il reprit la route de la patrie.

Les lois édictées contre les émigrés subsistaient encore, mais elles ne l'atteignaient pas ; il avait quitté Brest en 1792 avec une mission presque officielle, il pouvait donc rentrer ouvertement. D'ailleurs, le danger ne l'eût pas arrêté et, pour se retrouver sur la terre de France, il aurait, comme Hyde de Neuville et tant d'autres gentilshommes, dont les mémoires du temps nous ont gardé le romanesque souvenir, affronté la mort, avec l'insouciante bravoure de cette époque.

Depuis bientôt cinq ans, du Petit-Thouars

était sans aucunes nouvelles des siens, et une mortelle angoisse étreignait son cœur. Qu'étaient-ils devenus pendant la longue tourmente ? Les portes de la prison, où il avait laissé son frère Louis, s'étaient-elles ouvertes pour la liberté ou pour l'échafaud ?

A peine débarqué il courut en Anjou. Son cher Beaumois, un peu endommagé par les guerres de Vendée, est encore debout avec ses arbres séculaires et ses vieux fossés qu'envahissent les nénuphars et les roseaux.

La tempête révolutionnaire a été aussi clémente pour la famille que pour le château ; seul le vieux Maréchal de camp a succombé en prison. Plus heureux, Louis avait été remis en liberté presque aussitôt après le départ du *Diligent*. Il avait en hâte pris la mer, comptant retrouver son frère à l'île de France. Les jours, les semaines s'étaient passés dans une anxieuse attente. Bientôt les ressources de l'ancien officier s'épuisèrent, et il dut entrer chez un planteur pour y gagner le pain quotidien.

Sa passion pour la botanique lui fut alors une bienfaisante distraction. Il oubliait, en étudiant la merveilleuse flore des tropiques, ses inquié-tudes et ses épreuves. Quand il eut la certitude de la désastreuse aventure du *Diligent,* déses-

AMIRAL NELSON

pérant de jamais revoir son frère, Louis du Petit-Thouars quitta l'île de France et se rendit à l'île Bourbon. Il y était encore, préparant cette magnifique étude, dont la publication devait quelques années plus tard lui ouvrir les portes de l'Institut.

Si le frère bien-aimé manquait à cette fête du retour, en revanche, toute une joyeuse envolée d'enfants entourait Aristide. C'était Paul Bergasse, le fils de sa sœur. C'étaient Abel et Georges du Petit-Thouars, les enfants de son cousin Ferdinand. Tous trois ne se lassaient pas d'entendre les palpitants récits du marin, rêvant eux aussi d'invraisemblables aventures, et déjà dans l'âme des deux du Petit-Thouars s'éveille l'irrésistible passion de la mer.

La paisible vie de famille ne devait pas longtemps suffire à l'ardente activité d'Aristide ; l'horizon de l'Anjou était trop étroit pour des yeux habitués à l'infini des océans, à la profondeur des forêts vierges.

Le Directoire organisait alors l'expédition d'Egypte, où la flotte allait jouer un rôle prépondérant.

Après quelques hésitations, le désir de servir la patrie, quel que soit le drapeau qui la représente, l'emporta, dans l'âme du marin, sur les croyances politiques du gentilhomme, et l'ancien commandant du *Diligent* écrivit au ministre de la marine, pour lui demander un commandement.

Les officiers de vaisseau ne s'improvisent pas et l'émigration avait fait de grands vides dans la marine ; aussi le Directoire s'empressa-t-il d'accéder à la demande du lieutenant de d'Estaing et de Suffren.

On a dit que Bonaparte avait même un instant eu la pensée de confier la direction de l'armée navale à du Petit-Thouars. Par une de ces fatalités comme il s'en rencontre souvent dans l'histoire des peuples, l'amiral Brueys, qui venait de s'illustrer dans l'Adriatique en s'emparant avec six vaisseaux de ligne et quelques frégates des îles Ioniennes et de Corfou, fut choisi pour commander cette expédition qui devait, hélas ! débuter par le désastre d'Aboukir, ce Waterloo de la mer, suivant la saisissante expression de Lamartine.

Aristide du Petit-Thouars reçut le commandement du *Tonnant,* un vieux vaisseau de 80 canons avec lequel il allait conquérir une glorieuse immortalité.

Le 19 mai 1798, soixante-douze navires de guerre quittent la rade de Toulon, emportant vers l'Orient le général Bonaparte et quarante mille soldats. Cette flotte se composait des officiers les plus distingués de notre marine : Brueys ; Villeneuve, dont personne n'a osé mettre la bravoure en doute et qui avait fait avec honneur la guerre d'Amérique ; Blanquet du Chayla, justement réputé comme un marin consommé ; du Petit-Thouars, qu'immortalisa la belle défense du *Tonnant* ; Thevenard, Decrès, Emeriau, Casa Bianca, la Joille ; mais elle avait en face d'elle l'audacieux Nelson et sa fortune.

Cependant, tout d'abord, le Dieu des batailles sembla favoriser les vaisseaux du Directoire. Un coup de vent providentiel éloigna de leur route l'escadre anglaise. Le *Vanguart,* qui portait le pavillon amiral, complètement désemparé, dut chercher un refuge dans la baie de San Pietro.

Nelson, qui était alors sincèrement chrétien, accepta ce choc imprévu comme un salutaire avertissement du ciel : « Je ne dois pas, écrit-il à sa femme, considérer ce qui vient d'arriver au *Vanguart* comme un simple accident, car je crois fermement que c'est la bonté divine qui a voulu mettre un frein à ma folle vanité... Je baise avec humilité la verge qui m'a frappé. Figurez-vous le dimanche soir, au coucher du soleil, un homme présomptueux entouré d'une escadre qui, les yeux sur son chef, ne comptait que sur lui pour marcher à la gloire... figurez-vous maintenant cet

homme si vain, si orgueilleux, quand le soleil se
leva le lundi matin, avec un vaisseau démâté,
une flotte dispersée et dans un tel état de détresse
que la plus chétive frégate française eût été re-
gardée comme une rencontre inopportune. »

En quatre jours, dans un pauvre petit port de
Sardaigne, Nelson répare ses avaries de façon à
pouvoir reprendre la mer ; mais, incertain de la
route qu'il doit suivre pour retrouver Bonaparte,
contrarié par des calmes constants, il était encore
au commencement de juin dans les parages de
la Corse. Son fidèle ami, le commandant Troub-
drige, vint l'y rejoindre, avec un renfort de onze
vaisseaux et l'ordre de poursuivre coûte que
coûte la flotte française. Nelson se mit immédiatement en route avec son escadre.

Mais les flots bleus de la Méditerranée n'ont
point gardé le sillage de nos vaisseaux ; nul in-
dice ne trahit la direction qu'ils ont prise, et c'est
seulement en arrivant à Naples, le 17 juin, que
Nelson a des nouvelles de l'ennemi qu'il cherche
depuis plusieurs jours sur les côtes italiennes :
le 10, la flotte française a passé non loin de la
Sicile, cinglant sur l'île de Malte.

Dévoré d'impatience, Nelson fait déployer toutes
ses voiles, et, sans perdre un instant, court vers
le dernier territoire des chevaliers de Saint-Jean

de Jérusalem. Un bâtiment de commerce qu'il arrête en chemin lui apprend que, depuis le 12, les trois couleurs de la Révolution triomphante ont remplacé le vieil étendard des Croisades ; après une escale de quelques jours, l'immense convoi a repris la mer, se dirigeant vers l'Orient.

Cette fois le doute n'est plus possible. C'est vers les côtes d'Egypte qu'il faut chercher la flotte de Brueys.

L'hésitation n'était pas dans le caractère de Nelson. Sans attendre de nouvelles informations, il donna l'ordre de se diriger sur Alexandrie. Quand il y arriva, le 28 juin, il trouva la rade déserte ; pas un vaisseau français n'était signalé à l'horizon. Désespéré, se croyant le jouet d'une habile manœuvre de l'ennemi, il remet le cap sur la Sicile, sans même donner quelques heures de repos à son escadre.

Emporté par son ardente imagination, il voit les soldats du Directoire débarquant en Sicile sans coup férir et déjà menaçant le royaume de Naples. Avec la même promptitude de décision qu'il a mise à se diriger vers l'Egypte, il revient sur ses pas.

Cette fois, son activité le servit mal. S'il eût attendu un seul jour, il voyait notre flotte venir à lui ; tandis qu'ayant à lutter contre des vents contraires, obligé de louvoyer sur les côtes de

Caramanie, il laissa une fois encore le libre passage à Bonaparte et à sa fortune.

« Comme marin, écrira quelques jours plus tard l'amiral Brueys au général en chef, j'avais les plus vives inquiétudes sur vous et sur nos vaisseaux ; comme Français, je me reposais sur votre génie et sur la fortune qu'il a su enchaîner. »

Le 1er juillet 1798, nos troupes débarquaient sur la plage abandonnée du Marabout et, le 2, s'emparaient presque sans résistance d'Alexandrie.

Poursuivant leur marche sur les bords du Nil, elles arrivaient, le 23, dans la plaine des Pyramides, où, malgré les charges furieuses des Mamelucks, elles remportaient une éclatante victoire qui leur ouvrait les portes du Caire.

Le lendemain, Bonaparte entrait triomphalement dans la capitale de l'Egypte, ne prévoyant pas l'épouvantable désastre qui allait anéantir notre malheureuse flotte.

CHAPITRE II

Après le débarquement des troupes, l'amiral
Brueys, n'osant aventurer ses vaisseaux dans
les passes du port d'Alexandrie, alla mouiller en
rade d'Aboukir, afin de rester le plus près possible des opérations de l'armée expéditionnaire,
dont la flotte était l'arsenal et le point d'appui.

On a dit que le commandant en chef de l'escadre, illusionné par la miraculeuse traversée
qu'il venait d'accomplir, s'était endormi dans
une funeste sécurité. Ses lettres à Bonaparte

pendant le mois de juillet le montrent, au contraire, préoccupé de la possibilité d'une attaque de l'ennemi.

« Je m'occupe, écrit-il le 19 juillet, de faire prendre à l'escadre une position formidable dans le cas où je serais obligé de combattre à l'ancre. Ce travail se fait lentement à cause des vents du Nord qui soufflent avec force... »

Le manque de vivres, l'insuffisance de ses équipages, condamnent Brueys à rester dans l'incertitude des mouvements de l'ennemi ; il s'en désole dans une très longue dépêche en date du 26 :

« ... Je n'ai d'autre nouvelle de l'escadre anglaise que le rapport du bâtiment turc arrivé à Alexandrie le 20 juillet et qui dit avoir rencontré le 16 une escadre anglaise forte de quatorze vaisseaux de ligne, à trente lieues dans l'ouest de l'Ile de Gaze en Candie... J'avais envoyé le *Chien de chasse* sur les côtes de la Caramanie et des îles de Chypre et de Rhodes pour s'informer près des agents... ; malheureusement, l'aviso a cassé son mât à moitié chemin et il est rentré sans avoir touché aucune terre. Si j'avais des vivres, j'aurais détaché deux bonnes frégates qui auraient parfaitement rempli la mission... mais, sans subsistances, ni moyen de remplacement en gréement, on reste paralysé, et cette inaction rend malade... »

Les îles de sable qui forment la baie d'Aboukir empêchèrent pendant plusieurs jours les vaisseaux de se placer dans la ligne de bataille que leur avait assignée le commandant en chef.

Le *Guerrier* en tête de ligne, le *Conquérant*, le *Spartiate*, l'*Aquilon*, le *Peuple Souverain*, le *Franklin*, le vaisseau amiral l'*Orient*, le *Tonnant*, l'*Heureux*, le *Mercure*, le *Guillaume Tell*, le *Généreux*, et un peu en arrière le *Timoléon*. Les frégates la *Sérieuse*, l'*Arthémise*, la *Justice* et la *Diane* étaient mouillées à peu près sur la même ligne que le *Timoléon*. Ces vaisseaux étaient pour la plupart de vieux bâtiments en fort mauvais état, et tous avaient un équipage insuffisant pour les défendre.

Le capitaine de vaisseau Léonce Trullet, commandant le *Timoléon*, était venu le premier trouver l'amiral en chef pour lui demander d'augmenter l'effectif de son équipage.

— Où voulez-vous que je prenne des marins ? répondit Brueys.

— A Alexandrie où il y a 3.000 à 4.000 marins, répliqua Trullet.

— Avec quoi les nourrirez-vous ?

— Avec les vivres qu'ils y consomment.

Quelques instants après, le capitaine de vaisseau Etienne, qui commandait l'*Heureux,* arrivait à son tour à bord de l'*Orient* et tenait à son chef un langage à peu près identique.

— Des marins ! des marins ! s'écrie douloureusement Brueys. Mais vous vous êtes donc tous coalisés pour me faire la même demande !

Soudain, à l'aube du 1er août, un cri retentit à travers la mâture de nos vaisseaux : l'ennemi en vue !

Les quatorze navires anglais signalés par le bâtiment turc sont à l'horizon, se dirigeant vers la baie. Deux bricks partent aussitôt en reconnaissance, tandis que les contre-amiraux Villeneuve, Decrès, Blanquet du Chayla se réunissent en conseil de guerre à bord de l'*Orient.*

La flotte française va-t-elle appareiller pour aller au-devant de la flotte britannique, ou bien l'attendra-t-elle sur ses ancres dans cette rade entièrement ouverte ?

L'amiral Brueys, auquel Bonaparte a recommandé d'éviter autant que possible les hasards d'un combat naval, est d'avis de rester sur la défensive et d'attendre. Oubliant l'impétuosité de Nelson, il se berce de l'espoir de n'être pas attaqué le jour même et de pouvoir s'ouvrir un passage pendant la nuit.

Du Petit-Thouars, qui avait l'expérience des victorieuses tactiques des grands marins de Louis XVI, ne partageait pas la pensée de son chef. Une audacieuse manœuvre lui semblait seule pouvoir assurer le salut de la flotte. « Il faut, s'écriait-il, courir sus à l'ennemi, avant que ses forces ne soient rassemblées. »

Mais l'amiral Brueys n'a pas confiance dans ses équipages composés pour la plupart, dit-il, de valétudinaires ou de soldats jeunes et insubordonnés ; ses matelots ne sont pas assez nombreux pour manœuvrer et combattre à la fois ; d'ailleurs, il compte sur l'apparence formidable de son escadre pour tenir en respect la flotte ennemie jusqu'à l'aurore.

Les instances désespérées de du Petit-Thouars et du contre-amiral Blanquet du Chayla viennent se briser impuissantes contre la volonté arrêtée du commandant en chef. Les ordres sont donnés si précipités, si confus, qu'ils se contredisent et achèvent de jeter le trouble dans notre malheureuse escadre.

Voici que déjà, favorisés par une belle brise, les vaisseaux de Nelson apparaissent à l'entrée de la baie ; ils se dirigent vers les nôtres sous toutes voiles, sans une hésitation, sans une fausse manœuvre.

C'est en vain que Brueys envoie un de ses bricks à portée de canon de l'avant-garde ennemie, pour essayer de l'entraîner sur le banc de vase qui prolonge la petite île d'Aboukir ; Nelson a deviné le piège et continue à voguer droit vers la tête de la ligne française.

A six heures trois quarts, le premier coup de canon se fait entendre. Mieux embossés que les nôtres, les vaisseaux anglais prennent facilement nos batteries en écharpe. Le commandant du GOLIATH, le capitaine Foley, se souvenant de l'axiome de Nelson : « Partout où un vaisseau ennemi peut tourner sur ses ancres, un des nôtres peut mouiller », n'hésite pas à essayer de doubler la ligne formée par la flotte française, en passant sur l'avant du *Guerrier*.

Le ZÉALOUS, l'ORION, le THESEUS, l'AUDACIOUS, imitent cette manœuvre hardie que tout l'effort de notre artillerie est impuissant à entraver. A sept heures, les sinistres prévisions de du Petit-Thouars sont déjà à demi réalisées. La flotte, séparée de la côte par une partie de l'escadre ennemie, n'a plus la suprême ressource de s'échouer sur les sables. Immobilisée sur ses ancres, prise entre deux feux, elle est fatalement condamnée. Il ne lui reste plus qu'à sauver l'honneur du pavillon.

Alors commence une de ces luttes sublimes, dont l'héroïsme resplendit à travers les âges. « Je ne sais pas ce que l'on fera, s'était écrié du Petit-Thouars en quittant le Conseil de guerre, mais, dès que je serai à bord, mon pavillon sera cloué au mât ! »

Mouillés à droite et à gauche de l'*Orient*, le *Tonnant* et le *Franklin* répondent énergiquement au double feu de l'ennemi. Le BELLÉROPHON, le premier vaisseau qui s'aventure sous la volée de l'*Orient* et du *Tonnant*, est en moins d'une heure absolument désemparé ; le MAJESTIC, qui vient le remplacer, a presque le même sort.

Mais voici que le LEANDER, le SWIFTSURE et l'ALEXANDER apparaissent sur le champ de bataille.

Le CULLODEN, échoué sur les hauts fonds de l'île d'Aboukir, leur a servi de phare, et la lueur sinistre de la canonnade les dirige vers le groupe formidable qui vient de démolir le BELLÉROPHON et le MAJESTIC et tient en échec le DÉFENCE.

Brueys soutient intrépidement ce nouvel assaut. Criblé de blessures, il a refusé de se laisser emporter dans l'entre-pont, voulant mourir sur son banc de quart. Un boulet le coupe en deux, lui épargnant la douleur d'être le témoin de l'effroyable désastre qui se prépare.

Casa Bianca, le chef d'état-major de l'escadre, est atteint par le même boulet et tombe inanimé sur le corps sanglant de son jeune fils.

La nuit est venue, enveloppant de ses ombres les deux flottes. Nuit d'orient radieuse, splendide, qu'illumine le rayonnement de la pleine lune, et la lutte continue terrible, acharnée. Le vaisseau amiral, criblé de boulets, est en feu et les flammes qui le dévorent éclairent d'une lueur épouvantable la sauvage bataille.

A dix heures, les flammes, qui se propagent avec une terrifiante rapidité, gagnent les soutes à poudre... Une explosion formidable se fait entendre, ébranlant les deux escadres, les couvrant de débris enflammés, et l'*Orient* s'abîme dans les flots, avec ses blessés, la plus grande partie de son héroïque équipage et la fortune de la journée.

Saisis par cette horrible scène, les combattants suspendent la meurtrière canonnade.

La trêve ne fut pas longue, et la bataille reprend bientôt avec une nouvelle fureur. C'est le *Franklin* qui en donne le signal.

Sublime mais inutile sacrifice, car l'arrière-garde de notre flotte, aveuglée par le feu et la fumée de ce combat terrible, reste immobile sur ses ancres, sans oser tenter une diversion, qui serait peut-être le salut de nos malheureux vaisseaux écrasés par des forces supérieures. Les uns après les autres : le *Guerrier*, le *Peuple Souverain*, le *Spartiate*, l'*Aquilon*, le *Conquérant*, le *Franklin*, rasés comme des pontons, amènent leur pavillon. Le contre-amiral du Chayla, qui était à bord du *Franklin*, a eu le nez emporté au ras du visage. Le commandant du vaisseau, le capitaine Gillet, a reçu sept blessures. La *Sérieuse* a coulé bas, après une résistance désespérée. N'ayant pas assez de canonniers pour répondre à l'attaque du Minotaure, le capitaine Martin et ses officiers servaient eux-mêmes les pièces. L'*Heureux* et le *Mercure* sont échoués dans la baie. Quand le soleil se leva radieux dans le ciel clair, il ne restait plus, de la brillante escadre de l'amiral Brueys, que des vaisseaux démâtés, à demi incendiés, jonchés de cadavres. Leurs commandants, grièvement blessés, ont dû amener leur pavillon. Pour éviter le même sort, le commandant du *Timoléon*, le capitaine Trullet, s'est jeté volontairement à la côte et a mis le feu à son vaisseau. Le commandant de l'*Arthémise* a suivi son exemple.

Seul le *Tonnant* continue la lutte. L'Alexander, le Swiftsure, le Theseus et le Leander l'entourent, le criblant de boulets ; l'un d'eux atteint du Petit-Thouars. Ses matelots, dont il est l'idole, veulent l'emporter, il s'y refuse, et, domptant la douleur par un miracle d'énergie, il continue à commander le feu, non plus pour une victoire désormais impossible, mais pour sauver du désastre les épaves de notre flotte, en retenant autour de lui l'escadre de Nelson.

A onze heures du matin, les quatre vaisseaux d'arrière-garde, qui n'ont pas eu à subir l'attaque de l'ennemi, le *Guillaume Tell,* le *Généreux,* la *Diane* et la *Justice* appareillent sous les ordres de l'amiral Villeneuve et s'éloignent de cette baie néfaste, abandonnant le valeureux *Tonnant.*

Les deux jambes brisées par la mitraille, un pied emporté, couvert de blessures, l'intrépide du Petit-Thouars s'est fait mettre dans un baril plein de son pour ne pas quitter son poste. D'une voix mourante, il adresse aux survivants de son équipage ses suprêmes recommandations. Il s'inquiète de la marche de l'escadre de l'amiral Villeneuve que, malgré sa hardiesse, Nelson, grièvement blessé, n'ose poursuivre, car tous ses vaisseaux ont été dégréés dans cette épouvantable bataille. Seuls, le Zéalous et le Leander sont en état d'appareiller. Quant au vaisseau amiral le Wanguart, il est absolument désemparé, et a 200 hommes hors de combat.

Enfin les voiles françaises s'enfoncent dans l'horizon... La cruelle faucheuse peut venir maintenant. Le vaillant serviteur de la France a accompli sa tâche.

Du Petit-Thouars jette un dernier regard vers son pavillon, dont les lambeaux déchiquetés, noircis par la fumée, flottent toujours aux tronçons du grand mât. Le Dieu de ses ancêtres, auquel le marin est toujours resté fidèle, lui a épargné l'indicible douleur d'amener à l'ennemi le glorieux symbole de cette patrie absente qu'il a tant aimée et qu'il ne doit plus revoir, et pendant qu'un dernier soupir s'échappe de sa poitrine de héros, ses yeux s'élèvent au ciel, entrevoyant déjà les célestes auréoles des martyrs de la foi et du patriotisme !

Depuis vingt-quatre heures le *Tonnant* subit le feu des batteries anglaises, la moitié de son équipage est hors de combat, il n'a plus un gréement intact, toutes ses munitions sont épuisées, toutes ses batteries démontées. Mais avant de se rendre, les glorieux vaincus vont exécuter l'ordre suprême donné par leur chef mourant.

Un bruit sourd se fait entendre... La mer engloutit une dernière victime... Le corps mutilé de du Petit-Thouars est allé rejoindre dans l'insondable gouffre celui de l'amiral Brueys. Les dépouilles du héros ne seront même pas un instant captives de Nelson.

Le commandant du *Tonnant* succombait à trente-huit ans, sans avoir eu, dans sa vie aventureuse, le temps de songer au mariage ; mais le nom qu'il venait d'immortaliser ne devait pas s'éteindre dans les fastes de la marine, et, comme dans les antiques légendes de chevalerie, une main jeune et vaillante allait prendre de la main glacée par la mort l'épée rouge de sang.

Un cousin germain d'Aristide, Georges du Petit-Thouars, va continuer les glorieuses traditions de la famille pendant les guerres du Consulat et des premières heures de l'Empire. Il se distingua au cap Vert, à bord de la *Floride*, et mourut en 1805, lui aussi à trente-huit ans, et sans postérité ; mais son neveu Abel, le fils aîné de son frère Ferdinand, est depuis une année déjà engagé comme mousse.

Le futur amiral était né en pleine Terreur, le 7 août 1793, dans une petite gentilhommière perdue au milieu des arbres. Les titres nobiliaires étant supprimés, son acte de naissance porte simplement : Abel Aubert, fils de Ferdinand et de Charlotte Besnard, né à la maison de la Pessardière, commune de Turquan, Maine-et-Loire (1).

---

(1) Cet acte de naissance ne fut officiellement rectifié que sous la Restauration.

.Le traité d'Amiens, conclu en 1802 après l'échec de Nelson devant Boulogne, avait suspendu les gigantesques préparatifs d'invasion de l'Angleterre que rêvait alors Bonaparte. Mais deux années plus tard la guerre éclatait de nouveau, et, l'Empereur reprenant les projets du premier Consul, Boulogne redevint un immense camp; ses plages se couvrirent de soldats, et son port se remplit de vaisseaux de toutes tailles destinés à porter l'armée sur la rive britannique.

L'écho de cette expédition, dont le maréchal Soult avait le commandement, retentissait d'un bout à l'autre de la France, électrisant tous les cœurs. Abel du Petit-Thouars, entraîné par l'irrésistible vocation qu'avait fait naître le souvenir du héros d'Aboukir entrevu dans sa petite enfance sous les ombrages de Beaumois, supplia son père de lui permettre de s'engager dans la marine, pour prendre part à la campagne qui se préparait.

Après quelques hésitations, M. du Petit-Thouars se laissa vaincre par les supplications de son fils, et, au mois de mai 1804, le marin de onze ans s'arrachait des bras maternels, pour aller s'embarquer à bord du côtre *la Flèche,* qui devait transporter le maréchal Soult sur les côtes anglaises.

Malgré l'active impulsion donnée par l'Empereur, les préparatifs n'étaient pas achevés au début de l'hiver, et l'expédition fut ajournée.

A son grand chagrin, le jeune mousse se vit envoyer au collège d'Orléans pour y terminer ses études. Il y resta près de quatre ans, travaillant avec ardeur pour retrouver plus vite les grands horizons entrevus à travers les brumes de la Manche. Enfin, dans les derniers jours d'avril 1808, les portes de la prison scolaire s'ouvrent pour le collégien. Il va faire partie de l'escadre de l'Escaut.

Au comble de ses vœux, Abel du Petit-Thouars se met joyeusement en route pour rejoindre le *Du Guesclin,* où il doit servir en qualité de novice.

Nous ne le suivrons pas dans les débuts de sa laborieuse carrière ; nous dirons seulement que son zèle et ses merveilleuses aptitudes lui valurent, après six mois de service, le grade d'aspirant ; que du 1er mai 1808 jusqu'au 10 mars 1812, il croisa sans interruption dans les mers de Hollande, et qu'à deux reprises différentes, le commandant en chef de l'escadre lui confia le commandement d'une canonnière. La première fois, il avait à peine dix-sept ans.

Au moment où l'Empereur allait entreprendre sa désastreuse campagne de Russie, Abel du Petit-Thouars reçut l'ordre de se rendre à Toulon pour embarquer sur la frégate *l'Amélie,* chargée de la surveillance des côtes d'Alger, Tunis et Tripoli.

L'heure fatale avait sonné pour le maître du monde. Ses soldats invincibles mouraient de faim et de froid dans les steppes russes, poursuivis dans leur retraite par les loups et les Cosaques, plus terribles que les fauves.

Malgré des prodiges de hardiesse, de persévérance, nos marins ne pouvaient lutter, avec leurs vieux vaisseaux mal équipés, contre les flottes admirablement organisées de la Grande-Bretagne.

L'Empire s'écroulait sous les coups de l'Europe coalisée, et sur les flots bleus de la Méditerranée les sinistres nouvelles se succédaient rapides et terrifiantes. L'armée, écrasée à Leipsick, avait retraversé le Rhin. Les Alliés foulaient maintenant la terre de France : ils étaient en Alsace, en Champagne, à Paris.

Napoléon, abandonné par la Fortune, se décide à abdiquer, et, le 9 mai, les navires qui croisent aux environs de l'île d'Elbe peuvent apercevoir au mouillage la petite flotte du César découronné, tandis que sur les côtes de Provence le drapeau blanc apparaît dans le ciel bleu.

La rentrée de Louis XVIII aux Tuileries mettait fin à la guerre. Le 24 mai 1813, la paix était signée.

« La Restauration, a dit fort éloquemment l'amiral Jurien de la Gravière, n'entendait accepter l'humiliation de la défaite que pour celui qu'elle s'obstinait à nommer l'*Usurpateur*; elle la répudiait noblement, courageusement pour la France. Le roi Louis XVIII prétendit toujours rentrer en frère aîné dans la famille des rois : il eut en plus d'une occasion de beaux mouvements d'orgueil vis-à-vis de ses prétendus protecteurs. Sur un sol envahi, tout couvert encore du flot dévastateur qui se retirait lentement, ce banni, que la main de Dieu relevait tout à coup de l'exil, redressait, dans la fierté indomptable de sa race, sa haute taille de Bourbon, prêt à s'appuyer, si des exigences incompatibles avec le vieux droit de la monarchie l'y poussaient, sur le dernier tronçon de l'épée impériale... »

« Le passé reprenait possession de la France, dit encore Jurien de la Gravière dans son étude sur l'amiral Roussin. Pour beaucoup d'officiers, ce changement fut un désastre. » Il n'en pouvait être ainsi pour Abel du Petit-Thouars. Son nom avait trop longtemps brillé parmi ceux des plus dévoués serviteurs de la maison de Bourbon, et Louis XVIII, qui aimait à rattacher à la monarchie toutes les gloires de la France, fut heureux de rappeler, qu'avant de s'ensevelir dans les plis

du drapeau tricolore, le commandant du *Tonnant*
avait combattu à l'ombre du drapeau royal, en
conférant à son jeune neveu cette décoration du
Lys, créée aux premières heures de la Restauration, si enviée alors, et dont le souvenir est maintenant presque effacé (1).

Le 22 juin 1814, l'*Amélie,* devenue la *Junon,*
rentrait au port. Un mois après, du Petit-Thouars
reprenait la mer à bord de la corvette *la Diane,*
destinée à rapatrier les prisonniers ennemis que
l'héroïque campagne de France avait accumulés
dans nos ports. Tout vaincus que nous fussions,
nous avions, nous aussi, de nombreux captifs à
rendre aux vainqueurs !

Partie de Cherbourg à la fin de juillet, la *Diane*
mit le cap sur Anvers, puis, sa mission remplie,
on l'envoya désarmer à Brest. A peine débarqué,
du Petit-Thouars partit en hâte pour Saint-Malo,
dont son père venait d'être nommé sous-préfet.
Depuis qu'il avait quitté la maison maternelle
pour endosser l'uniforme des mousses, c'est à
peine s'il avait eu la liberté d'embrasser les siens
entre deux campagnes.

Il ne devait pas jouir longtemps de la vie de
famille. Le 3 février 1815, il reçoit sa nomination

(1) L'insigne était une fleur de lys d'argent avec un ruban blanc.

d'enseigne de vaisseau, avec l'ordre de rejoindre à Brest la frégate *la Revanche*.

Un mois après, Napoléon débarquait de l'île d'Elbe, et Louis XVIII reprenait précipitamment le chemin de l'exil.

La marine n'eut pas de rôle à jouer pendant les Cent-Jours ; elle n'assista pas au grand drame qui se dénoua le 24 juin dans les plaines de Waterloo. Perdue dans ses ports, loin du théâtre de la lutte, elle échappa, en partie du moins, à cet enivrement qui saisit l'armée en revoyant son empereur. Cependant, après la rentrée de Louis XVIII, le nouveau ministre de la marine, le vicomte du Bouchage, dut sacrifier un certain nombre d'officiers aux rancunes des ultra-royalistes, entre autres le futur vainqueur du Portugal, le commandant Baudin.

Mais la Restauration, qui reprenait l'une après l'autre les traditions de l'ancienne Monarchie, mit tout en œuvre pour faire revivre la marine si brillante de Louis XIV et de Louis XVI. « Elle aurait, je crois, dit l'amiral Jurien de la Gravière, préféré, s'il eût fallu choisir, une grande flotte à une grande armée. Le continent ne l'inquiétait pas ; l'Angleterre lui faisait toujours ombrage. »

Après un repos de six mois, repos bien gagné,

du Petit-Thouars reprend la mer et, pendant une année, il navigue sur les côtes de France et d'Angleterre ; puis, au mois d'août, il embarque sur le *Goëland* à destination de Saint-Domingue et de Terre-Neuve.

Nous le retrouvons dans les mêmes parages en 1818, à bord de la *Lionne,* puis de la *Miquelonnaise.*

Ce dernier embarquement ne dura que quelques semaines. Au mois de novembre, le jeune aspirant recevait du commandant en chef de la station, l'ordre de ramener en France la gabarre *la Lionne.* Il accomplit sa mission avec un rare bonheur. Parti de Terre-Neuve le 13 novembre, il était le 30 en rade de Brest.

« La Restauration voulait que sa marine fût une marine savante. Elle se croyait en droit d'attribuer nos revers aux grossières pratiques des officiers improvisés en 1792, et ne pensait pas que pour commander les vaisseaux du Roi il suffît d'être « un homme du métier. » La Restauration, en un mot, se faisait gloire du souvenir de Borda autant que de celui de Suffren (1). »

Le retentissant naufrage de la *Méduse* sur le

---

(1) Jurien de la Gravière, *L'amiral Roussin.*

banc d'Arguin fit donner un redoublement d'importance aux calculs astronomiques et à l'étude de l'hydrographie, cette science qui, à l'heure actuelle, n'a plus guère de mystères et qui reste cependant un des meilleurs exercices du marin ; « car c'est elle, dit l'amiral Jurien de la Gravière, qui fixe dans sa mémoire la configuration et le gisement des terres, les alignements qui conduisent le navire comme sur un rail à travers le labyrinthe des aiguilles de granit, des longues battures de roches et des sournoises surprises des bancs de sable. »

Le 4 mai 1819, du Petit-Thouars prenait le commandement de l'aviso *le Joubert,* chargé de la reconnaissance hydrographique des côtes de France. Pendant deux saisons il fut l'actif et dévoué collaborateur du célèbre hydrographe Beautemps–Beaupré, dont les traditions sont encore respectées aujourd'hui. Il ne pouvait être à meilleure école, et sous cette habile direction il devint à son tour un maître dans l'art de manœuvrer un navire au milieu de récifs, de louvoyer dans les passes dangereuses.

CHAPITRE III

Le 1er septembre 1819, un décret royal, contresigné par le duc d'Angoulême, Grand Amiral de France, conférait à Abel du Petit-Thouars le grade de lieutenant de vaisseau.

C'était la récompense bien méritée et impatiemment attendue de douze ans d'un labeur assidu, d'un zèle à toute épreuve.

Après avoir fait partie pendant quelques semaines de l'équipage du *Colosse*, du Petit-Thouars

reçut au mois de février 1822 le commandement
de la goëlette *la Torche,* chargée de la surveillance de la pêche du corail. Cette mission d'apparence si humble demandait un officier de
beaucoup d'activité et d'énergie, toujours en
éveil non seulement pour protéger les pêcheurs
de corail contre les attaques des corsaires algériens, mais aussi pour défendre leurs droits
contre le mauvais vouloir des Italiens, qui met-
taient toutes les entraves possibles au pénible
travail de nos compatriotes.

Du 8 février 1822 jusqu'au 5 janvier de l'année
suivante, la goëlette de du Petit-Thouars parcourut sans relâche la Méditerranée, intimidant par
sa présence les corsaires barbaresques, rappelant
au respect des règlements internationaux les
gouvernements italiens.

Le courant révolutionnaire qui, en 1820,
ébranlait toute la vieille Europe avait eu son
contre-coup par delà l'Atlantique. Un souffle
d'indépendance agitait les colonies de l'Amérique
du Sud.

Le Brésil donne le signal en proclamant empereur le jeune prince de Bragance, don Pedro.
Entraînés par la parole ardente de Bolivar, les
Péruviens se révoltent à leur tour et se décla-
rent en république. Les habitants du Chili et

de la Plata suivent le même exemple, et à la fin de 1824, malgré des prodiges de courage, le vice-roi du Pérou, blessé à la sanglante bataille d'Ayacucho, est contraint de capituler pour son armée et pour la ville de Callao.

A peine remis de ses blessures, le vice-roi se fit conduire à Rio de Janeiro pour être rapatrié. Du Petit-Thouars, qui se trouvait alors en rade, fut saisi d'une profonde émotion en voyant l'impitoyable hostilité avec laquelle le vaincu fut accueilli par les Brésiliens. Sa nature si chevaleresque se révolta d'une telle attitude vis-à-vis d'un soldat qui avait bravement fait son devoir, et le 6 mars 1825 il écrit au ministre de la marine qu'il a reçu solennellement à son bord l'ex-vice-roi, « trouvant qu'on lui doit d'autant plus d'égards qu'il est plus malheureux. »

Le gouvernement de Louis XVIII n'avait pas voulu intervenir dans la révolution américaine ; il s'était borné à envoyer en 1821 une division navale, sous le commandement du capitaine de vaisseau Roussin, pour surveiller les événements du Brésil et protéger au besoin nos nationaux. Les capitaines de Mackau et Fleuriau avaient la même mission au Chili et au Pérou (1).

(1) Voir notre étude sur l'amiral de Mackau, publiée dans l'intéressante collection des *Illustrations et célébrités du* xixᵉ *siècle.* — Paris, Bloud et Barral, éditeurs.

Mais voici qu'entraîné par le duc de Montmorency et Chateaubriand, le vieux roi se décide à abandonner sa politique pacifique et à faire cause commune avec la Sainte Alliance. La guerre d'Espagne est votée par acclamation le 4 mars 1823, et le duc d'Angoulême franchit les Pyrénées, malgré les menaces du cabinet britannique.

Une rupture semblait imminente. Le baron Roussin, ne voulant pas se laisser surprendre par une brusque déclaration de guerre, rallia la flotte et reprit la route de France, emportant les avantageux traités de commerce que nos commandants de vaisseaux avaient obtenus des nouveaux gouvernements.

Notre marine était alors si florissante, que l'Angleterre n'osa pas entamer une lutte, dont l'issue pouvait être fatale à sa puissance, et la guerre un instant redoutée n'eut pas lieu.

Au début de la campagne d'Espagne, Abel du Petit-Thouars reçut le commandement du brick *l'Inconstant,* avec l'ordre de croiser dans la Méditerranée ; mais lorsque l'éventualité d'une complication avec l'Angleterre ne fut plus à craindre, *l'Inconstant* vira de bord et mit à la voile pour le Brésil.

Le nouvel empire n'avait qu'imparfaitement

tenu les engagements pris avec le commandant Roussin et il s'agissait de les lui rappeler.

Dans un très intéressant rapport en date du 6 mars 1825, du Petit-Thouars fait connaître à son ministre les événements qui ont ensanglanté l'Amérique du Sud depuis le départ de la flotte commandée par le baron Roussin ; il raconte l'irrémédiable défaite de l'armée espagnole dans la plaine d'Ayacucho et le triomphe des partisans de Bolivar. Pour obtenir la neutralité de la France, le Brésil et les autres états du Sud ont promis tout ce qu'ont demandé nos représentants, « mais il est bien à craindre, ajoute le prévoyant marin, que si la reconnaissance tarde trop, on ne cherche à la renier de nouveau. »

Rentré en France avec le grade de capitaine de frégate au mois de mars 1826, du Petit-Thouars ne reste pas longtemps inactif ; le 26 mai 1827 il embarque sur la *Provence,* sous les ordres du capitaine de vaisseau de la Bretonnière.

On était au lendemain de cette fameuse scène du 30 avril, faite par le dey d'Alger au consul de France et qui fut l'origine de la conquête de l'Algérie.

Hussein Pacha, secrètement encouragé par le roi de Naples et le gouvernement anglais, refusant toute réparation de l'insulte dont il

venait de se rendre coupable vis-à-vis du représentant de la France, le commandant Collet
mit Alger en état de blocus ; tandis que le
comte de Clermont-Tonnerre, alors ministre
de la guerre, rédigeait un très beau rapport
concluant à une expédition sur le territoire de
la Régence. Mais les affaires de Grèce passion-
naient alors tous les esprits, et M. de Villèle
ne se souciait pas de commencer une entreprise
vivement combattue par les libéraux de l'époque
et dans laquelle avaient échoué les vaisseaux
de Charles-Quint et tout récemment ceux de la
Grande-Bretagne. Mgr Frayssinous, cédant à
une pensée d'apostolat, fut seul parmi les ministres à appuyer auprès de Charles X le projet
Clermont-Tonnerre, et le blocus continua pure-
ment et simplement.

La mort du contre-amiral Collet en fit donner
la direction au commandant de la Bretonnière.
Du Petit-Thouars resta quelques semaines sur
la *Provence* en croisière devant Alger, puis on
le rappela à Toulon, pour lui donner en février 1828 le commandement du brick *le Voltigeur,* chargé de poursuivre les bâtiments algériens à travers la Méditerranée.

Cette année 1828, que la victoire de Navarin
devait rendre à jamais mémorable dans les fastes

de la marine, fut particulièrement cruelle pour
Abel du Petit-Thouars. Georges, le cher compagnon de son enfance, se noya dans le port de
Cadix. Les deux frères avaient toujours eu l'un
pour l'autre une affection profonde et tendre,
qu'était venue resserrer à l'âge d'homme la communauté des idées, de la carrière. Aussi, en
recevant la terrible nouvelle, le commandant
du *Voltigeur* eut-il besoin de toute son énergie
pour ne pas se laisser abattre par le chagrin.

Si encore le jeune lieutenant de vaisseau était
tombé sur le pont de son navire, fauché par la
mitraille ennemie ; s'il avait disparu enseveli
dans la tempête : c'est la destinée du marin.
Mais la pensée que le frère bien-aimé était mort
misérablement victime d'un banal accident, ajoutait une épine de plus à la douleur qui meur-
trissait son âme.

Le service de la Patrie ne permettait pas à Abel
du Petit-Thouars de s'absorber dans son deuil. Le
devoir est là, impérieux ; il lui faut obéir... Debout
sur la passerelle du brick, le cœur plein du souvenir de l'absent, dont la main ne serrera plus
la sienne, le commandant, d'une voix impassible,
donne ses ordres, et, fidèle à sa mission, le
Voltigeur glisse sur la mer bleue, déjouant les
ruses des bâtiments ennemis, les poursuivant

à travers les méandres des archipels et les récifs des côtes, dont il relève soigneusement tous les détails.

Du Petit-Thouars est un ardent partisan du projet Clermont-Tonnerre. Dans sa pensée, l'honneur de la France, celui de la royauté, imposeront tôt ou tard l'expédition d'Alger ; il faut donc prévoir, connaître les points de débarquement pour l'armée.

Il y a dans les archives du ministère de la marine une longue lettre, écrite le 24 mai 1829, par le commandant du *Voltigeur* au contre-amiral Halgan, alors directeur du personnel. Le papier est jauni par le temps, l'encre à demi décolorée ; mais l'âme qui les a dictées palpite à travers ces lignes, toute vibrante d'intelligent patriotisme.

Du Petit-Thouars était alors occupé du blocus de Bône ; les échos d'Alger arrivent jusqu'à lui et il les envoie à l'amiral, pour qu'il les fasse parvenir au ministre et dans l'entourage du Roi. Toutes les tentatives diplomatiques doivent fatalement échouer entre la fourberie du dey et les secrètes manœuvres des Anglais et des Napolitains. La France ne peut se laisser tenir en échec par un chef de corsaires. Un dénouement militaire s'impose. Il faut que l'étendard du Roi

Très Chrétien flotte sur les plages de la Régence.
Cet étendard, du Petit-Thouars le voudrait entre
les mains d'un petit-fils de saint Louis, d'un
prince de la Maison de Bourbon. Mais, à son
défaut, l'expédition doit avoir pour chef un
maréchal de France, afin d'éviter tout conflit
de pouvoir entre l'armée et la marine, celle-ci
ne devant jouer qu'un rôle secondaire dans
l'expédition.

« Je ne vous écris pas souvent, mon général,
disait en commençant le capitaine de frégate,
parce que je sais que vous n'aimez pas à répondre, mais je vous aime comme si je vous
écrivais et je n'oublie pas les bontés dont vous
m'avez comblé. »

Guidé par cette reconnaissante affection, du
Petit-Thouars conseille loyalement à son vieil
ami de refuser la direction de l'expédition, s'il
était question de la lui confier.

Certes, l'honneur d'attacher son nom à la
prise d'Alger est enviable, mais le premier devoir
du serviteur de la Patrie est l'abnégation, et une
question d'intérêt personnel ne peut entrer en
balance avec le succès de nos armes et l'honneur
du drapeau. « Voilà une bien longue épître,
ajoute-t-il, je ne sais si elle sera plus heureuse
que celle d'un de vos amis qui vous engageait,

il y a quelques années, à vous retirer du monde et à vivre en philosophe sur les bords de la Loire (1). Le but que je me suis proposé est bien différent du sien... »

Dans une nouvelle lettre, datée de Mahon, le 10 juillet, du Petit-Thouars revient à la charge près de l'amiral Halgan, insistant sur la nécessité d'une expédition de terre et de mer. Malgré la surveillance exercée par nos vaisseaux, les corsaires barbaresques sont une perpétuelle menace pour les pêcheurs de la côte ; il faut que la France en finisse une fois pour toutes avec ces bandits de la Méditerranée. Et il raconte que le 18 juin le canot et la yole du *Voltigeur,* sous les ordres de l'enseigne Bouët, sont entrés dans la rivière de Seybac, pour s'emparer de deux bâtiments corsaires qu'ils ont dû incendier, ne pouvant les entraîner au large.

Aveuglé par la passion politique, le parti libéral se montrait aussi opposé à l'expédition d'Alger, qu'il l'avait été quelques années auparavant à celle d'Espagne. Avec un triste oubli de la fierté nationale, il préférait voir la France humiliée aux yeux de l'Europe, que de la voir triomphante et glorieuse sous le drapeau des Bourbons.

---

(1) Après la chute de l'Empire.

M. de Martignac, qui venait de remplacer M. de Villèle à la tête du gouvernement, effrayé lui aussi par cette violente opposition, voulut faire une dernière tentative pacifique, et M. de la Bretonnière fut envoyé en plénipotentiaire à Alger ; mais les négociations échouèrent complètement.

Indigné de l'insolente attitude du dey, le commandant de la *Provence* se retira, en disant : « Le roi de France emploiera la force, que la Providence a mise entre ses mains, pour défendre les droits et la dignité de sa couronne. »

Au mépris du droit des gens, le vaisseau parlementaire fut attaqué à sa sortie du port ; il ne daigna pas répondre et rentra à Toulon.

La nouvelle de cet attentat mit un terme aux hésitations du petit-fils de Henry IV, et, malgré le déchaînement de la presse libérale, il décida d'entreprendre l'expédition d'Alger et de détruire à jamais ce nid de pirates, sans foi ni loi.

Charles X, effrayé du progrès des idées révolutionnaires, venait de confier les rênes du gouvernement à des hommes de réaction, sous la présidence du prince de Polignac. Le maréchal de Bourmont avait le portefeuille de la guerre, et M. d'Haussez celui de la marine. Tous deux étaient partisans de l'expédition d'Alger.

M. d'Haussez, qui peut-être avait eu connaissance des lettres de du Petit-Thouars à l'amiral Halgan, le fit appeler à Paris ainsi que le capitaine de vaisseau de Taradel, pour éclairer le gouvernement sur la marche à suivre. D'un commun accord, les deux officiers indiquent la plage de Sidi-Ferruch comme point de débarquement.

Sur la demande de son ministre, du Petit-Thouars, qui depuis le blocus navigue sur les côtes d'Afrique, et a fait dix-sept fois le voyage d'Alger, trace le plan de l'expédition dans un rapport d'une clarté, d'une précision admirables. Après avoir subi l'examen d'une commission spéciale composée : du vice-amiral Jacob, des contre-amiraux Roussin et de Mackau, du baron Turpin, directeur des ports, et du capitaine de vaisseau Latreyte, ce plan hautement approuvé fut soumis aux membres du gouvernement, dans une réunion présidée par le prince de Polignac.

Le commandant du *Voltigeur*, rappelé de nouveau à Paris, y assistait. « C'était la lumière même qu'on envoyait au gouvernement du Roi, dit Poujoulat dans son *Histoire contemporaine*; on ne s'adressait qu'à M. du Petit-Thouars, le plus jeune, le moins élevé en grade, parce que seul il savait. »

A l'ouverture de la session de 1830, Charles X, en un fier langage, bien digne du descendant de

Louis XIV, annonce aux Chambres l'expédition
d'Alger. La même noblesse se retrouve dans les
notes diplomatiques envoyées aux puissances
étrangères par le prince de Polignac.

L'expédition d'Alger est presque une croisade,
et ce sont les intérêts de la Chrétienté que la fille
aînée de l'Eglise va sauvegarder et défendre,
l'épée à la main. L'Angleterre seule fit des observations, et un moment on se demanda aux Tuileries si la flotte ne serait pas arrêtée en route
par les vaisseaux britanniques. Mais le Roi avait
confiance dans sa marine, il ne se laissa pas intimider par les menaces anglaises, et le 4 mai 1830
le Dauphin venait à Toulon passer la revue de
nos divisions navales, dont le commandement était
confié au contre-amiral Duperré.

Le conseil donné par du Petit-Thouars n'a été
suivi qu'en partie ; ce n'est ni un prince de la
Maison de Bourbon ni un maréchal de France qui
commande en chef l'expédition, c'est le ministre
de la guerre, dont Charles X voulait récompenser
le dévouement.

Si le général de Bourmont avait fait ses preuves
de royalisme, il n'en était pas de même de l'amiral
Duperré, qui se rattachait presque ouvertement
au parti impérialiste. Cependant le Roi n'hésita
pas à lui donner le commandement de sa flotte, se

fiant à la loyauté de sa parole. « En toutes circonstances, avait dit le marin, j'obéirai et je servirai en sujet et en serviteur zélé et dévoué. »

Le 18 mai, tous les préparatifs de départ étant achevés, les troupes embarquées, l'amiral Duperré, avant de donner l'ordre de lever les ancres, adressa à l'armée navale un entraînant ordre du jour, tout à fait conforme à la pensée du Roi :

« OFFICIERS, SOUS-OFFICIERS ET MATELOTS,

« Appelés avec vos frères de l'armée expéditionnaire à prendre part aux chances d'une entreprise que l'honneur et l'humanité commandent, vous devez aussi en partager la gloire. C'est de nos efforts communs et de notre parfaite union que le Roi et la France attendent la réparation de l'insulte faite au pavillon français. Recueillons les souvenirs qu'en pareilles circonstances nous ont légués nos pères. Imitons-les et le succès est assuré.

« Partons. Vive le Roi ! »

Mais les vents contraires ne permettent pas à la flotte de s'éloigner du rivage et il lui faut attendre jusqu'au 25 pour appareiller.

Sur la rive, une foule immense regarde s'éloigner les nouveaux croisés. Le spectacle est inoubliable. 150 vaisseaux déploient leurs voiles ; la mer est superbe, étincelante sous les feux du soleil. L'enthousiasme est dans tous les cœurs.

Cet enthousiasme fut encore exalté par la rencontre du navire *la Duchesse de Berry,* qui venait annoncer la perte du *Silène* et de l'*Aventure,* naufragés à l'ouest d'Alger. Leurs équipages sont tombés entre les mains des Arabes et ont été impitoyablement massacrés. Tout frissonnants de colère à ce douloureux récit, marins et soldats jurent de venger leurs malheureux camarades.

Le 30 mai, les côtes d'Afrique se dessinent à l'horizon. Du Petit-Thouars, qui commande le brick *le Griffon,* montre dans le lointain la baie de Sidi-Ferruch, dont il connaît les moindres détails. Mais, soudain, un terrible ouragan jette le désordre dans la ligne de marche de la flotte, et, au grand mécontentement de tous, l'amiral Duperré ordonne à ses vaisseaux de revenir à Palma.

Malgré l'impatience générale, le commandant en chef ne voulut donner l'ordre de reprendre la mer que lorsque tous les bâtiments eurent rallié son pavillon. Il fallut attendre jusqu'au 10 juin. Deux jours plus tard, à dix ou douze milles de la rive algérienne, une nouvelle tempête oblige notre flotte à se rejeter au large. Vers le soir, la mer s'apaisa et à l'aube du lendemain on put enfin approcher des côtes, de façon à commencer le débarquement.

Le *Breslau,* la *Provence,* la *Pallas,* la *Didon,* l'*Iphigénie* s'embossent en face du petit fort qui semble protéger Sidi-Ferruch; mais il est abandonné, et c'est à peine si quelques coups de feu essaient d'arrêter les canots qui accostent la plage.

Le 14 au matin, le débarquement commence suivant le plan indiqué par du Petit-Thouars. Deux marins courent jusqu'à un petit monticule au-dessus duquel s'élève le tombeau d'un marabout, ils y plantent le drapeau blanc que saluent des milliers de voix. Quelques troupes arabes accourues sur le rivage essaient de s'opposer au débarquement, l'artillerie de l'*Actéon,* de la *Bayonnaise* et de la *Badine* paralysent leur résistance, et à midi, le général de Bourmont passait sur le front de son armée, massée tout entière sur la plage.

Nous ne la suivrons pas dans sa marche si prudemment calculée par le général en chef. Nous dirons seulement que le 19 elle rencontrait pour la première fois les troupes arabes fortement cantonnées sur les hauteurs de Staouëli.

Nos soldats, troublés un instant par les cris sauvages des Arabes, leurs charges furieuses, reprennent bientôt leur aplomb, se sentant vigoureusement soutenus par les batteries du *Griffon* et de la *Badine* qui sont venus sur les indications de du Petit-Thouars s'embosser près de la rive. L'ennemi, très maltraité par le tir fort habilement dirigé des deux bricks, se décide enfin à abandonner ses retranchements qu'escaladent nos soldats au cri de *Vive le Roi !* et bientôt le drapeau de la France flotte au-dessus du camp de Staouëli.

Cinq jours plus tard, les Arabes essayèrent de reconquérir leurs positions, mais ils furent repoussés, grâce à l'énergique effort de la brigade Damrémont. La lutte fut très vive et beaucoup des nôtres tombèrent sur le champ de bataille, entre autres le second fils du commandant en chef, Amédée de Bourmont, mortellement atteint par une balle au-dessous du cœur.

Le général, aussitôt prévenu, vint embrasser son fils sur le champ de bataille. Après l'avoir béni, il reprit le chemin de son quartier général, disant aux officiers qui l'entouraient :

— Il ne faut pas qu'un deuil de famille compromette le succès de la journée.

Et, impassible, il dicta ses ordres toute la nuit.

Cette force d'âme, le chef de l'expédition la puisait dans une foi aussi ardente que celle des anciens croisés. Comme eux, avant de partir pour la terre musulmane, il était allé s'agenouiller au pied de l'autel pour recevoir avec ses fils le Pain qui fait les Vaillants. Absorbé par ses devoirs de commandant en chef, le général de Bourmont ne revit plus son fils, qui s'éteignit pieusement quelques jours plus tard, les lèvres appuyées sur la croix de son épée.

Le 25 juin au matin, trompettes et clairons sonnent l'alarme, l'ennemi réapparaît de différents côtés, et de nouveau la fusillade se fait entendre.

Ces échauffourées recommençaient tous les jours et faisaient de nombreuses victimes parmi nos troupes que retenait à Staouëli la prudence du général en chef; car, ne voulant rien livrer au hasard, il attendait, pour marcher sur Alger, que son artillerie de siège fût au complet.

Nous n'avons pas à raconter ici les péripéties de cette marche sur la capitale de la Régence; tandis que nos soldats, après des miracles d'intrépidité, s'emparaient du fort l'Empereur et obligeaient le Dey à capituler, l'escadre, aussi rapprochée que possible de la côte, appuyait l'armée avec ses canons. Le 10 juillet, Hussein Pacha quittait son palais de la Kasba avec sa famille et s'embarquait pour Naples.

Les préoccupations politiques absorbaient alors

tellement les esprits que ce magnifique succès de la prise d'Alger passa presque inaperçu.

Un *Te Deum* fut chanté à Notre-Dame ; le Roi s'empressa d'envoyer le bâton de maréchal à M. de Bourmont et de donner la pairie à l'amiral Duperré. Mais ce fut tout ; la Révolution ne lui laissa pas le temps de récompenser leurs auxiliaires.

Le 29 juillet, le drapeau blanc, qui, depuis vingt jours à peine, flottait au-dessus des murailles démantelées de la forteresse algérienne, était arraché des Tuileries et foulé aux pieds par l'émeute triomphante.

En apprenant les événements qui venaient de s'accomplir en France, le maréchal de Bourmont envoya sa démission et remit le commandement au général Trezel. Beaucoup d'officiers de l'armée de terre suivirent son exemple. Il n'en fut pas de même dans la marine ; à part quelques exceptions, tous continuèrent à servir.

Du Petit-Thouars conserva le commandement du *Griffon* jusqu'au 27 mai 1834. Après quelques semaines de congé, il reprit la mer comme capitaine de vaisseau et fit avec la corvette *la Créole* une campagne de quatre mois à Saint-Domingue. Rentré en France le 15 février 1835, l'infatigable marin repartait l'année suivante sur la frégate *la Vénus* pour un grand voyage de circumnavigation.

Dans cette longue campagne autour du monde, Abel du Petit-Thouars donna de nouveau la preuve de ses merveilleuses aptitudes. Tour à tour diplomate habile avec les Républiques de l'Amérique du Sud, savant hydrographe dans les parages à peine explorés de l'Océan Pacifique, il défend les intérêts de nos nationaux, fait rentrer au Trésor 4.800.000 francs dus par la République de Saint-Domingue, dresse de nouvelles cartes, relève les erreurs des anciennes, dirige son vaisseau à travers les écueils, et le ramène presque sans avaries après trois ans d'absence.

En attendant qu'un brevet de contre-amiral vînt récompenser de si éclatants services, la reconnaissance du commerce bordelais, plus prompte que celle de l'Etat, offrit à du Petit-Thouars une épée d'honneur. Pendant son escale au Chili, il avait fait restituer l'importante cargaison d'un navire de Bordeaux, évaluée à plus d'un million et confisquée par le gouvernement chilien.

Après avoir désarmé sa frégate, du Petit-Thouars vint à Paris pour soumettre au Conseil d'amirauté et à l'Académie des sciences les études faites sous sa direction pendant cette longue campagne. Le ministre obtint des Chambres le crédit nécessaire à leur publication et, pendant deux années, l'ancien commandant de la *Vénus* resta aux Cartes et Plans pour surveiller l'impression de son ouvrage.

Ce séjour fut comme une halte dans la vie vagabonde du marin. Il lui permit de se reprendre un peu à la vie de famille qu'il ne connaissait guère que par ses souvenirs d'enfant. Depuis le 21 mai 1804, où pour la première fois il endossait l'uniforme des mousses, jusqu'au 15 février 1839, il a eu vingt-sept embarquements à peine coupés par quelques rares congés.

Durant ses longues absences, la mort lui a enlevé son frère et son père ; sa sœur, mariée à leur cousin germain, Paul Bergasse, habite l'Orléanais ; et à ce foyer, jadis si joyeux, il ne reste plus qu'une vieille femme en deuil, pleurant ses affections brisées, tremblant de voir disparaître à son tour, le fils qui maintenant est tout son orgueil et son appui.

L'ancien sous-préfet de Saint-Malo, le chevalier du Petit-Thouars, comme on disait encore à cette époque, était mort peu de temps après la Révolution de Juillet, laissant à sa veuve une situation de fortune extrêmement amoindrie ; afin qu'elle n'eût pas en souffrir, le capitaine de vaisseau avait supplié sa mère d'accepter une large part de ses appointements, lui disant avec une délicatesse touchante que, n'ayant pas les charges d'un père de famille, il n'avait que faire de la totalité de sa solde. Le même prétexte lui servait aussi pour prélever sur elle une somme relativement considérable, en faveur de sa parente, Mlle du Petit-Thouars, la sœur du héros d'Aboukir.

AMIRAL DUPERRÉ

CHAPITRE IV

Par une belle journée du mois d'avril 1841 un homme et un enfant arrivaient au seuil de l'antique abbaye de Juilly.

L'homme était dans toute la force de l'âge. Sa démarche, sa physionomie, l'énergie de son regard, tout trahissait un officier de vaisseau ; l'enfant, d'apparence un peu frêle, avait de grands yeux intelligents et doux qu'obscurcissaient de grosses larmes furtivement essuyées.

C'étaient le commandant du Petit Thouars et son neveu et filleul, Abel Bergasse.

Depuis 1790, les Oratoriens n'existaient plus
en France, ils avaient sombré dans la tourmente
révolutionnaire avec les fils de saint Benoît et de
saint Dominique ; mais leurs traditions subsistaient toujours, et, à la fin de la Restauration,
des prêtres éminents eurent la grande pensée
de renouer la chaîne des souvenirs oratoriens.
A leur tête se trouvaient MM. de Scorbiac et de
Salinis, issus tous d'eux d'anciennes familles et
sachant allier à la distinction native des vieilles
races, les vertus des disciples de M. Olier (1). Sous
leur intelligente et pieuse impulsion, à l'ombre
du vieux monastère, près de la légendaire fon-
taine de Sainte-Geneviève (2), les jeunes gens
apprenaient, comme au temps de Malebranche,
« à être hommes, chrétiens et français. »

En 1840, MM. de Scorbiac et de Salinis re-
mirent la direction de leur collège entre les
mains d'un ancien élève de l'Ecole normale, le
célèbre abbé Bautain.

---

(1) Le fondateur de la Congrégation de Saint-Sulpice.
(2) Sainte Geneviève, dit la légende, traversait les bois de Juilly avec
une de ses compagnes, la jeune vierge Célinie. La chaleur était acca-
blante, la route longue et difficile. Epuisée de fatigue, dévorée par une
soif ardente, Célinie tombe presque sans connaissance. Geneviève alors
se jette à genoux, priant Dieu avec ferveur de sauver sa compagne, puis,
se relevant, elle frappe le rocher le plus proche, d'où jaillit à l'instant
une eau limpide et fraîche qui ranime Célinie et permet aux deux vierges
de continuer leur route. La source miraculeuse ne tarit point, et pendant
de longs siècles on y vint en pèlerinage ; elle se trouve dans l'enceinte
du collège de Juilly, à l'entrée du parc.

Après avoir longtemps enseigné à la faculté de Strasbourg les théories philosophiques de Victor Cousin, dont il était l'enthousiaste élève, Louis Bautain était entré dans les ordres, ramené à la foi catholique par une femme d'une haute piété et d'une intelligence rare, Mlle Humann, la sœur d'un ancien ministre de Louis-Philippe.

L'abbé Bautain avait pour collaborateur, dans cette lourde charge de la direction du collège de Juilly, un neveu de Mlle Humann, l'abbé Carl, qui plus tard entra dans la Congrégation de l'Oratoire. C'était un homme extraordinairement instruit, et, ce qui vaut mieux encore, un véritable saint.

Le P. Carl se prit dès le premier jour d'une très vive affection pour le jeune élève que le commandant du Petit-Thouars confiait à sa sollicitude, comme s'il eût deviné, dans cet enfant si frêle, l'intrépide défenseur de sa vieille cité alsacienne.

Abel Bergasse était né le 23 mars 1832 au château de Bourdeaux-les-Rouches, dans l'Orléanais. Il avait donc à peine neuf ans, lorsque ses parents le mirent à Juilly pour apprendre à devenir à son tour un vaillant serviteur de Dieu et de la Patrie.

Un des anciens élèves de Juilly, l'amiral Humann, a très éloquemment défini l'action bienfaisante qu'exerçait sur les jeunes gens cette vie de communauté.

« Initiés à la pratique religieuse ainsi qu'aux obligations morales de la société chrétienne par les Salinis, les Bautain, les Carl, façonnés à l'exemple de ces éminents docteurs de la foi, mis en garde par leur expérience, ces jeunes gens privilégiés purent quitter les bancs, bien armés pour le combat de la vie et prêts à faire sans faiblesse leur devoir de chrétiens et de citoyens.

« Parmi ces natures d'élite, ajoute l'amiral, je n'en connais pas de plus personnelle que celle de notre regretté condisciple, Abel Bergasse du Petit-Thouars. »

Aux grands enseignements donnés par des maîtres exceptionnels, venaient s'ajouter pour lui d'innombrables souvenirs de famille. Son grand-père paternel était ce courageux député de Lyon, Nicolas Bergasse, qui, au risque de sa vie, avait voulu s'adjoindre à Malesherbes et à de Sèze pour défendre le Roi à la Convention et devant le tribunal révolutionnaire. Par sa mère, le jeune Bergasse était le petit-neveu du héros d'Aboukir, le descendant de cette vaillante lignée dont l'épée était depuis trois siècles au service de la France. Enfin, il avait sous les yeux les magnifiques exemples d'intelligence, de fermeté, d'audace, d'activité donnés par son oncle, Abel du Petit-Thouars, dont le nom retentissait alors à travers le monde comme la vivante incarnation du patriotisme.

En effet, le 12 juillet 1841, l'ancien commandant de la *Vénus* avait reçu les étoiles de contre-amiral ; et au mois de novembre, le travail demandé par le ministre sur son voyage autour du monde étant achevé, on l'avait nommé au commandement en chef de la station du Pacifique.

Le 29 décembre le nouvel officier général quitta Brest, avec la frégate *la Reine Blanche,* pour aller au nom de la France prendre possession d'un petit groupe d'îles de l'Océan Pacifique, découvert au commencement du XVIIIe siècle par un navigateur espagnol, Queiros, qui leur avait donné le nom de *Marquises,* en l'honneur de sa protectrice, la marquise de Mendoça.

L'Angleterre venait de s'approprier la Nouvelle-Hollande, et il était grand temps pour la France de posséder dans ces lointains parages un établissement où ses bâtiments de commerce et de pêche pussent trouver aide et protection.

Au retour de son voyage de circumnavigation à bord de la *Vénus,* Abel du Petit-Thouars avait si vivement insisté auprès de son ministre, l'amiral

Duperré, sur la nécessité de planter notre drapeau en Océanie, que celui-ci avait fini par décider ses collègues à se joindre à lui pour obtenir le consentement du Roi.

Cette entreprise n'était pas sans préoccuper beaucoup Louis-Philippe. Connaissant les tendances ultra-pacifiques de la majeure partie du pays, il redoutait tout ce qui pouvait faire naître l'ombre d'une complication avec la Grande-Bretagne.

Tout d'abord, rien ne sembla justifier ces préoccupations. Après une très heureuse traversée, du Petit-Thouars arriva en vue de l'archipel découvert par les marins espagnols. Les apôtres du Christ avaient devancé le serviteur de la France, et depuis plusieurs années des prêtres de la Congrégation de Picpus s'efforçaient d'évangéliser les naturels du pays.

Dans tous les temps, la France n'a jamais eu sur les rives lointaines de serviteurs plus ardents, plus désintéressés que les missionnaires, comme si dans ces âmes qui ont dit adieu à toutes les espérances, à toutes les affections humaines, il ne restait de vivant que l'amour de la Patrie.

Fidèles à cette tradition apostolique, les Pères de Picpus s'empressèrent de mettre leur influence au service du commandant de la *Reine Blanche*, et, grâce à leur intelligent dévouement, du Petit-Thouars pouvait écrire le 25 juin 1842 au ministre de la marine :

« J'ai l'honneur d'informer Votre Excellence que la prise de possession, au nom du Roi et de la France, des deux groupes qui forment l'archipel des îles Marquises est aujourd'hui heureusement effectuée.

« La reconnaissance de la souveraineté de Sa Majesté Louis-Philippe Ier a été obtenue par les voies de conciliation et de persuasion ; conformément à vos ordres, elle a été confirmée par des actes authentiques dressés en triple expédition. »

Les négociations étant terminées, du Petit-Thouars quitta bientôt la rade de Taïchoé et, au mois d'août, la *Reine Blanche* se trouvait en vue de Taïti : cette île enchantée où règne un printemps perpétuel, aux vallées fertiles, aux collines couvertes de fleurs embaumées, de fruits savoureux, véritable paradis terrestre jeté au milieu de l'Océan, *la perle des mers du Sud,* comme l'appellent les marins.

Depuis près d'un demi-siècle, les missionnaires protestants envoyés par la Société des Missions de Londres s'y étaient établis et faisaient une propagande active, non seulement contre les prêtres catholiques qu'ils ne rougissaient pas de représenter aux Taïtiens comme des mangeurs de chair humaine, mais aussi contre les Français.

Cette hostilité avait pour inspirateur un missionnaire anglican nommé Pritchard. Muni d'une commission de consul d'Angleterre, qui lui donnait un caractère officiel et une sorte d'impunité, il prêchait ouvertement aux Taïtiens la haine du catholicisme et de la France.

Déjà en 1838, lors de son passage avec la *Vénus*, Abel du Petit-Thouars avait fait à ce sujet de vives représentations, que la souveraine de Taïti, la reine Pomaré, avait semblé écouter ; mais, dès que la frégate française eut disparu de l'horizon, elle se remit sous le joug anglican et la situation devint bientôt intolérable pour nos malheureux compatriotes que le dévouement apostolique, les hasards de la mer ou les intérêts de leur commerce amenaient à Taïti.

« A mon arrivée, écrit du Petit-Thouars le 25 septembre 1842, j'ai été accablé d'une masse de réclamations faites par tous les Français, y compris les missionnaires. Tous m'adressaient des plaintes, tant contre le gouvernement local que contre le consul de France qui, selon eux, a négligé de prendre leurs intérêts ou de les défendre avec assez d'instances auprès du gouvernement de Sa Majesté la reine Pomaré... »

De son côté, le consul se plaignait des difficultés que lui occasionnaient les vendeurs de liqueurs prohibées. La police taïtienne les poursuivait avec acharnement, tandis que les Anglais et les Américains faisaient le même commerce au grand jour, sans éprouver aucune vexation.

En entendant toutes ces plaintes, la fierté nationale de du Petit-Thouars était à une rude épreuve ; cependant il resta maître de lui, car il s'agissait de l'honneur et des intérêts de la Patrie, et il poursuivit son enquête avec l'habileté et la prudence d'un véritable diplomate.

« ... J'ai attendu jusqu'au 6 septembre, écrit-il au ministre, pour m'éclairer sur tous ces faits... J'ai reconnu que la conduite de la police envers les Français était toujours plus brutale qu'envers les autres étrangers, qu'elle avait profité d'une querelle élevée à l'occasion d'un combat de chiens pour assommer quelques Français qui en étaient témoins, et que M. Dubouzet ayant obtenu justice de la reine Pomaré pour ce fait, elle avait prononcé l'exil du plus coupable de ses agents, mais qu'aussitôt que l'*Aube*, qui venait apporter des présents du Roi à la reine Pomaré, avait été sous voiles, cette sentence de la reine avait été mise en oubli et que le coupable, malgré une promesse formelle, était encore libre à Taïti lors de notre arrivée.

« Tous ces dénis de justice et ce manque continuel à toutes les bienséances envers le Roi et son gouvernement sont, à n'en pas douter, l'effet de la triste influence à laquelle la reine obéit ; mais ces faits ne m'en ont pas moins paru d'une nature tellement grave et compromettante pour notre dignité nationale et si dangereux pour nos compatriotes, si je n'en demandais pas le redressement, que je me suis décidé, étant chargé de soutenir dans ces mers l'honneur du pavillon et de le faire respecter, à envoyer à la reine Pomaré la déclaration dont je joins ici une copie conforme. »

Pritchard était alors absent de Taïti. La reine, ne subissant plus l'influence de ses conseils antifrançais, se laissa intimider par les énergiques déclarations de l'amiral du Petit Thouars et lui offrit de se placer, elle et son royaume, sous le protectorat de la France.

La proposition était trop séduisante pour n'être pas acceptée aussitôt, et le 9 septembre 1842, l'amiral, réservant toutefois la ratification de son gouvernement, signait le traité qui donnait à la France la direction de toutes les affaires avec les gouvernements étrangers, les règlements de ports et le droit de prendre toutes les mesures nécessaires à la conservation de la bonne harmonie et de la paix. La reine gardait seulement l'administration intérieure et souveraine de l'île.

Le 25 septembre, du Petit-Thouars envoyait à Paris les diverses pièces du traité de protectorat, les lettres qu'il avait échangées à cette occasion avec les représentants des puissances étrangères établies à Taïti, ainsi que les copies d'une proclamation adressée aux indigènes pour calmer leurs inquiétudes et arrêter les déclamations des missionnaires biblistes.

« Votre Excellence, ajoute du Petit–Thouars, verra par ces diverses correspondances que les consuls étrangers ont grandement approuvé les mesures que j'ai prises et applaudi à l'établissement de l'ordre à Taïti.

« ... J'ai amené les choses au point que, s'il convient au Roi et à son gouvernement d'accepter cette très belle et très fertile province, d'une défense si facile et d'un intérêt si grand dans un avenir peu éloigné, située au vent de toutes les colonies anglaises et à portée de recevoir et de donner des nouvelles à la métropole en moins de trois mois ; si, dis-je, la France ne veut pas laisser échapper l'occasion unique peut-être d'une si belle proie, il suffira presque de dire oui. Alors, si le gouvernement m'envoie les objets d'armements

que j'ai demandés pour les Marquises, je trou-
verai dans ce secours le moyen de fortifier Taïti,
même contre une division, car la nature, en enveloppant ces îles de ceintures de coraux qui les
rendent inaccessibles sans de bons pilotes, a fait
presque tout ce qui était nécessaire pour leur
défense.

« Peut-être pensera-t-on que j'aurais dû, sans
refuser le protectorat qui nous était offert, en
ajourner l'acceptation jusqu'à la réponse du Roi,
ou m'en tenir à la demande d'une garantie maté-
rielle pour assurer l'avenir de nos relations. Mais,
ni l'une ni l'autre de ces mesures n'apportait
d'obstacles à la prise de possession que les Anglais
auraient pu effectuer, pendant qu'on eût référé au
Roi et à son gouvernement.

« ... L'adjonction de notre pavillon à celui de
la reine Pomaré était aussi une garantie indispen-
sable pour nous assurer que rien ne serait entre-
pris contre Taïti, avant que le Roi ait pu se pro-
noncer. Toute autre mesure sans celle-là eût été
illusoire et n'aurait pas arrêté un amiral anglais,
qui sans cela n'aurait pas hésité à s'en emparer
et à nous dire après, comme à la presqu'île de
Bankes : « Nous y étions les premiers ! »

« ... Je sais que j'ai couru le risque d'être
désapprouvé s'il ne convient pas au Roi d'ac-

cepter ce protectorat, ou, plus exactement, ce riche
et important archipel, mais ma conscience me dit
que mon devoir était de m'y exposer ; je me suis
seul compromis, mais je l'ai fait pour un intérêt
national très réel et dans celui de la couronne de
Sa Majesté : cela en valait bien la peine... »

Le 24 avril 1843, l'amiral Roussin, ministre de
la marine, soumettait à la Chambre des députés
le traité signé par du Petit-Thouars et une demande de crédit extraordinaire de 5.987.000 fr.
pour nos établissements dans l'Océan Pacifique.
« L'instinct des grandes choses manquait aux
Chambres de cette époque, a dit Poujoulat. Les
conquêtes coloniales de Louis XIV n'étaient plus
comprises. Ce qu'on appelait le pays légal n'était
plus capable de sentir la nécessité de planter au
loin le drapeau de la France et le devoir de protéger le catholicisme. »

Il fallut toute l'éloquence de Guizot pour
décider la majorité à ratifier le traité et à en
accepter les charges financières.

Le 10 juin 1843, le ministre des Affaires Etran-
gères montait à la tribune, et dans un mémorable
discours, un des plus beaux qu'ait prononcé le
grand orateur de la monarchie de Juillet, il par-
venait à convaincre la Chambre de la nécessité
de voter les crédits demandés au triple point

de vue commercial, religieux et politique. Le capitaine de vaisseau Bruat fut nommé gouverneur des établissements français en Océanie, et du Petit-Thouars, voyant le protectorat organisé, reprit la mer, ne se doutant pas qu'après son départ, les intrigues anglaises réveilleraient l'ancienne animosité des Taïtiens contre les catholiques en général et les Français en particulier.

Après quatorze mois de navigation sur la côte occidentale d'Amérique, la *Reine Blanche* remit le cap sur Taïti. En approchant des côtes, nos marins furent stupéfaits de voir flotter comme un symbole d'indépendance et de défi les couleurs britanniques au lieu du pavillon français. Du Petit-Thouars, indigné, rappela très vivement à la reine Pomaré le traité de l'année précédente. Mais celle-ci, conseillée par notre ardent ennemi Pritchard, répondit par un refus positif de remplir ses engagements.

Quand on représente la France à quatre mille lieues d'elle, qu'on tient une épée à la main et qu'on a sous ses ordres une belle frégate de guerre et un vaillant équipage, on ne se préoccupe pas des arrière-pensées de politiciens égoïstes et sans dignité, et on relève fièrement le gant jeté à la Patrie.

C'est ce que fit Abel du Petit-Thouars.

Après cinq jours d'inutiles pourparlers avec le gouvernement taïtien, l'amiral, voulant avant tout faire respecter notre nationalité, prononça la déchéance de la reine et prit possession de l'archipel au nom de la France.

Furieux de cet acte de vigueur, Pritchard abattit son pavillon de consul, déclarant à l'amiral qu'il en cessait les fonctions. Ainsi dégagé de toutes convenances diplomatiques, le missionnaire droguiste avait désormais toute liberté pour fomenter la révolte à Taïti.

Il n'y manqua pas, et bientôt la surexcitation devint telle que la sécurité des résidents français fût sérieusement compromise. Sur les conseils de Pritchard, la reine Pomaré s'était réfugiée à bord d'un bâtiment anglais en rade de Papéiti, d'où elle demandait justice à Louis-Philippe et à la Grande-Bretagne.

Quand ces nouvelles arrivèrent en Europe, elles y causèrent un grand émoi.

L'Angleterre prit une attitude menaçante. Le 22 février 1844, lord Aberdeen et lord Brougham à la Chambre des Lords, sir Robert Peel à la Chambre des Communes, se plaignirent avec violence de l'acte accompli par l'amiral français, faisant entendre qu'il devait être désavoué par son gouvernement.

En France, au contraire, l'opposition légiti-
miste ou républicaine approuvait hautement du
Petit-Thouars. M. Guizot, très embarrassé, envoyait dépêches sur dépêches à notre ambassadeur à Londres, M. de Saint-Aulaire ; d'après ses
réponses, il vit bien que l'*entente cordiale* annoncée dans le discours de la Couronne courait
grand risque d'être brisée. Le cabinet des Tuileries ne voulant de la guerre à aucun prix, il
fallut bien céder aux exigences du cabinet de
Windsor, et, le 26 février, une note insérée
au *Moniteur* désavouait en ces termes le commandant de la *Reine Blanche* :

« Le gouvernement a reçu des nouvelles de
l'île de Taïti en date du 1er au 5 novembre 1843.
M. le contre-amiral du Petit-Thouars, arrivé dans
la baie de Papéiti le 1er novembre pour exécuter
le traité du 9 septembre 1842 que le Roi avait ra-
tifié, a cru devoir ne pas s'en tenir aux stipula-
tions de ce traité et prendre possession de la souveraineté entière de l'île.

« La reine Pomaré a écrit au Roi, pour récla-
mer les dispositions du traité qui lui assurent la
souveraineté intérieure de son pays et la supplier
de la rétablir dans ses droits.

« Le Roi, de l'avis de son conseil, ne trouvant
pas, dans les faits rapportés, de motifs suffisants

pour déroger au traité du 9 septembre 1842, a ordonné la ratification pure et simple de ce traité et l'établissement du protectorat français dans l'île de Taïti. »

Ce désaveu infligé à un officier général, coupable d'avoir trop énergiquement servi les intérêts nationaux, indigna la fierté française.

A la Chambre des députés l'opposition protesta en masse contre l'acte de faiblesse du gouvernement vis-à-vis de l'Angleterre ; la Presse organisa des souscriptions pour offrir une épée d'honneur à l'amiral ; enfin Berryer acheva de stigmatiser cet inconcevable désaveu, dans le célèbre discours prononcé au banquet royaliste de Marseille.

« Des Français sur des mers lointaines se sont trouvés en face des Anglais, s'écrie-t-il de cette voix vibrante qui remuait les masses. Un peuple ignorant, incapable de marcher sans soutien dans la route de la civilisation, avait sollicité la protection de la France ; elle lui fut accordée. Mais, cédant aux suggestions perfides de l'Angleterre, il a voulu remplacer par un autre le pavillon protecteur. Nos braves marins n'ont pu supporter cet outrage. L'amiral qui représentait la France à Taïti, celui qui portait notre épée, a déclaré la France maîtresse du pays, et il a été désavoué !

« A l'amiral du Petit-Thouars et à la France ! »

« A l'amiral du Petit-Thouars ! » répètent avec enthousiasme les cinq cents auditeurs qui se pressent autour du vaillant champion de la Légitimité.

Ces acclamations retentissaient vibrantes jusque sous les grands arbres de Juilly, donnant au filleul de l'amiral l'ardent désir de le suivre dans cette voie de patriotisme et d'abnégation, où le sentiment du devoir accompli fait oublier les ronces qui entravent le chemin, les épines qui l'ensanglantent.

Soutenu par ce sentiment du devoir qui avait été la règle de toute sa vie, l'amiral du Petit-Thouars conserva, au milieu de l'effervescence causée par les affaires de Taïti, la noble et simple attitude d'un véritable soldat, restant impassible au milieu des agitations des partis politiques.

Il avait demandé au ministre de la marine d'être relevé de son commandement dans le Pacifique, si le Roi n'approuvait pas sa façon d'agir à Taïti, « car, disait-il, l'influence que j'ai acquise dans ces mers serait ainsi détruite et m'ôterait la possibilité d'y conduire les affaires avantageusement pour la France. »

Aussitôt que cela fut possible, il fit donc reprendre à sa frégate la route de l'Europe, et, le 31 décembre 1844, l'équipage de la *Reine Blanche,* de retour au port, amenait tristement le pavillon amiral qu'il avait été si fier de voir flotter à travers les archipels océaniens.

Depuis le départ de du Petit-Thouars la situation s'était aggravée à Taïti, où nos résidents et même nos matelots étaient menacés par les indigènes, que Pritchard surexcitait ouvertement. Outré d'indignation, le commandant d'Aubigny, qui faisait l'intérim du capitaine de vaisseau Bruat, gouverneur en titre, fit jeter en prison l'ex-consul anglais.

Le procédé n'était pas diplomatique, mais il s'expliquait par l'effervescence que faisaient naître les manœuvres anti-françaises du missionnaire anglican.

A sa rentrée à Taïti, le commandant Bruat fit transporter le prisonnier sur un bâtiment en partance pour l'Angleterre. Celle-ci avait donné tout récemment l'exemple de semblables expulsions à l'île Maurice. Cependant, lorsque Pritchard arriva à Londres, il y eut un nouveau déchaînement contre la France et le fantôme de la guerre vint une fois de plus épouvanter le gouvernement de Juillet.

En France, on était encore trop ému du désaveu infligé à du Petit-Thouars pour accepter sans révoltes de nouvelles concessions. Enfin, après bien des pourparlers entre Londres et Paris, l'offre d'une indemnité accordée à Pritchard termina prosaïquement cette question qui avait si vivement surexcité les esprits.

Le gouvernement n'avait pas été sans se préoccuper de l'attitude que prendrait, à sa rentrée en France, l'ancien commandant en chef de la station navale du Pacifique. Il fut vite rassuré.

Pendant que journalistes et députés bataillaient autour de son nom, Abel du Petit-Thouars vivait noblement à l'écart, refusant de se prêter à aucune manifestation. Dans ces conditions il n'y avait aucune raison de priver la marine des services d'un aussi vaillant officier, et le 20 septembre 1845 le contre-amiral était chargé de la préfecture maritime de Lorient.

Son neveu, Abel Bergasse, vint bientôt l'y rejoindre pour se préparer plus directement à cette carrière maritime, qui était devenue traditionnelle dans sa famille.

L'enseignement spécial à l'Ecole de marine ne se donnant pas à Juilly, le jeune Bergasse allait suivre les cours du lycée de Lorient.

Malgré l'admiration que lui inspirait son oncle, malgré la grande affection qu'il avait pour lui, l'écolier eut un profond chagrin en disant adieu à son cher collège. Sa nature un peu timide et très aimante s'effrayait de quitter de bons camarades,

des maîtres vénérés qui étaient pour lui de véritables amis, pour se trouver au milieu d'inconnus, sans aucun lien d'âme avec des professeurs indifférents.

Esto vir, « sois homme », disait le P. Carl en embrassant son élève de prédilection sur le seuil de la vieille abbaye.

Bergasse du Petit-Thouars ne devait jamais oublier cette suprême recommandation, et lorsque, trente ans plus tard, il viendra présider le banquet de l'association amicale des anciens élèves de Juilly, il rendra un éclatant hommage à la sage direction, aux pieux conseils du vieux prêtre alsacien :

« Pour moi, dit-il, qui suis venu ici entre la vigoureuse génération enfantée par les Scorbiac et les Salinis et cette brillante jeunesse, notre espérance !... qui entre dans la vie sous la direction des Pères de l'Oratoire, il me sera permis, au nom de mes contemporains, de payer un tribut de respect et de reconnaissance à la mémoire de ces éminents docteurs alsaciens auxquels nous devons, nous autres, de savoir aimer la France... de rappeler le nom vénéré de ce Père Carl si connu, si aimé de vous, mes Révérends Pères, et qui vous a transmis, avec le dépôt des antiques traditions de cette grande maison, le feu sacré de l'amour du devoir. »

CHAPITRE V

——

Le 4 septembre 1846, Abel du Petit-Thouars était promu au grade de vice-amiral et, quelques mois après, il quittait la préfecture de Lorient pour venir à Paris au Conseil d'Amirauté.

La carrière active de l'intrépide marin est terminée ; mais l'épée qu'il a si vaillamment portée des plages brumeuses des mers du Nord aux rives ensoleillées de la Méditerranée et du Pacifique ne restera pas inactive ; son filleul

Abel Bergasse va la recueillir comme le plus précieux des héritages, et, continuant la glorieuse tradition familiale, il la fera, lui aussi, resplendir brillante et glorieuse à travers le monde.

Au mois d'octobre 1847, l'ancien élève de Juilly montait à bord du vaisseau-école, et, le 17 février 1848, un décret royal l'autorisait à joindre à son nom de Bergasse celui de ses oncles maternels, les du Petit-Thouars, afin de perpétuer dans la marine d'illustres souvenirs.

Le futur amiral n'avait pas seize ans, et pourtant, « dès son entrée au *Borda,* dit un de ses frères d'armes, la maturité de son esprit, l'inflexibilité de sa règle de conduite, qualités peu communes à cet âge, lui font une place à part parmi ses camarades (1). »

Si Bergasse du Petit-Thouars était au point de vue moral un élève modèle, la délicatesse de sa santé ne lui permettait pas de suivre assidûment les cours de l'Ecole, et, à l'examen de sortie, il ne sera classé que le quarante-troisième sur quatre-vingt-neuf.

Deux mois plus tard, nous le trouvons à bord de la *Pandore* comme aspirant de deuxième classe. Il n'y resta que quelques semaines.

(1) L'amiral Humann.

Le 6 décembre 1849, il s'embarque sur le transport *la Durance,* qui va rejoindre la division navale du Pacifique.

Cette lointaine expédition a pour le jeune marin l'irrésistible séduction d'un souvenir de famille. C'est là-bas, sur ces rives à peine explorées, que son oncle a trouvé la gloire, en donnant à la France, malgré les intrigues anglaises, le protectorat de Taïti et la possession des îles Marquises. Tous les échos de ces plages encore presque inconnues sont remplis d'un nom qu'il est désireux de faire revivre, en l'illustrant à son tour.

Pendant toute une année, Bergasse du Petit-Thouars parcourut les archipels de l'Océanie; passant de la *Durance* sur la *Thisbé,* où il remplit avec beaucoup de zèle les fonctions d'officier d'ordonnance jusqu'au 17 décembre 1850. La *Thisbé* rentrant en France, il fut appelé à faire le même service auprès du commandant de la *Capricieuse,* le capitaine de vaisseau de Roquemaurel.

Courbet, qui servait alors sous ses ordres, comme aspirant de première classe, a révélé le trait particulier du caractère de ce marin aujourd'hui oublié, dont les aptitudes spéciales d'instructeur ont donné à la Patrie beaucoup de vaillants et intelligents serviteurs, parmi lesquels rayonnent ces deux gloires si pures et si françaises : Courbet et Bergasse du Petit-Thouars.

En parlant de M. de Roquemaurel, le futur héros de Fou-Tchéou écrivait : « Son but à bord est plutôt de former des officiers de quelque grade qu'ils soient que de les conduire. Il paraît surtout vouer une grande part de sa sollicitude à cette partie de l'état-major vulgairement comprise sous le nom d'aspirant. »

Le commandant de Roquemaurel fit de Bergasse du Petit-Thouars non seulement son officier d'ordonnance, mais son secrétaire particulier. C'était la meilleure note qu'il pût donner au jeune marin, dont il ne cessait de louer « le zèle pour le service, la vivacité dans les manœuvres, le goût de l'étude et du travail. » Ces éloges augmentèrent encore après les émeutes de Canton, dans lesquelles Bergasse du Petit-Thouars fit preuve de beaucoup de sang-froid et d'énergie.

Nous avons raconté, dans notre étude sur l'amiral Courbet (1), l'interminable odyssée de la *Capricieuse*, nous n'y reviendrons pas ; nous rappellerons seulement qu'une des missions de la frégate était de rechercher les traces de La

---

(1) *Histoire de l'amiral Courbet*. Chez Bloud et Barral, 4, rue Madame, Paris.

Pérouse, comme avait voulu le faire, quarante-deux ans auparavant, Aristide du Petit-Thouars.

Etrange coïncidence, qui donnait au petit-neveu le même but à atteindre qu'au grand-oncle !

Pendant son voyage à bord de la *Vénus*, l'amiral Abel du Petit-Thouars avait touché à Petropoulski, la dernière escale connue du célèbre navigateur, et sur sa demande le gouverneur du Kamtchatka, le général Skakoff, avait fait élever un monument pour en consacrer le souvenir.

La *Capricieuse* ne remonta pas jusque–là ; après avoir servi de transport pour les gardes mobiles en Californie et relevé les côtes d'une partie des mers du Sud, elle vint faire respecter le pavillon national dans les mers de Chine.

Elle y resta plusieurs mois ; puis, lorsque l'effervescence se fut apaisée, elle remit le cap sur la France. Assaillie par de furieuses tempêtes, retenue par des calmes plats, la frégate n'atteignit le détroit de Gibraltar que le 18 février 1853. Elle ressemblait alors bien plutôt à un hôpital flottant qu'à un navire de guerre. Son malheureux équipage, épuisé par trois ans de séjour sous des climats malsains, de rudes fatigues et six mois de nourriture salée, était décimé par le scorbut.

Douloureusement ému de tant de souffrances, le commandant de Roquemaurel resta dix jours à Palma. Des vivres frais, le repos, et plus encore peut-être le voisinage de la Patrie, ramenèrent la santé à bord, et en entrant à Toulon le 15 mars la *Capricieuse* n'avait plus l'air d'un hôpital.

Au débarqué, Bergasse du Petit-Thouars trouva sa nomination d'enseigne de vaisseau.

Hélas ! ce rapide avancement ne pouvait consoler le jeune officier, cruellement frappé dans ses plus chères affections par un double deuil.

Pendant sa longue absence, son père et sa sœur, frappés tous deux par une impitoyable maladie, sont morts en Italie, aux environs de Bologne, où M. Bergasse administrait les propriétés de son ami, le comte de La Rochejaquelein, et c'est près de deux tombes qu'il va retrouver sa malheureuse mère.

Sans écouter les conseils des médecins, épouvantés de sa faiblesse et de la fièvre qui le mine, Bergasse du Petit-Thouars se met en route pour Boricella... Il a hâte de rejoindre sa mère, de pleurer et de prier avec elle ; mais il a trop présumé de ses forces ; vaincu par le chagrin et la maladie, il tombe mourant dans une chambre d'hôtel à Bologne.

Il fut plusieurs jours entre la vie et la mort.

Dieu eut enfin pitié des larmes de la pauvre veuve, agenouillée au pied du lit d'agonie de son dernier enfant, et le danger disparut presque miraculeusement ; mais la convalescence fut longue, et, au moment où commençaient les hostilités avec la Russie, du Petit-Thouars n'était pas encore en état de quitter l'Italie.

Ces hostilités avaient eu pour point de départ la guerre déclarée par le czar Nicolas au Sultan, à propos d'une question de prédominance à Jérusalem.

La querelle turco-russe avait réveillé les sentiments d'indépendance de la nation grecque. Toute frémissante encore des héroïques souvenirs de 1829, elle ne demandait qu'à se joindre aux Slaves pour renverser le vieil empire ottoman.

C'est alors que l'Angleterre, effrayée de voir les Russes sur le chemin de Constantinople, décida Napoléon III, sous le spécieux prétexte d'équilibre européen, à se joindre à elle pour soutenir la Turquie, si la guerre prenait des proportions trop considérables.

A la première nouvelle du bombardement de Sinope par la flotte russe, notre escadre de la Méditerranée partit rejoindre les vaisseaux anglais dans la mer Noire, tandis que celle de la Manche mettait le cap sur la Baltique.

Quelques jours après, l'Empereur, en ouvrant
la session législative, parla des lourds sacrifices
que l'honneur impose, disant que « le devoir de
la France est de se mettre à la tête des idées généreuses et de faire prévaloir partout le droit et la
justice. »

C'était annoncer la guerre.

Le 27 mars 1854, elle était officiellement déclarée et nos troupes partaient pour l'Orient, sous les
ordres du maréchal de Saint-Arnaud.

Un ennemi bien autrement redoutable que les
balles russes guettait nos soldats à leur arrivée
à Varna. La fièvre et le choléra s'abattirent sur
le camp anglo-français, y semant la désespérance
et la mort.

« Je suis au milieu d'un vaste sépulcre, écrivait le Maréchal, faisant tête au fléau qui décime
mon armée... Dieu qui me frappe d'une main me
soutient de l'autre. Ma santé n'a de longtemps
été meilleure au milieu des chagrins et des soucis
qui me rongent et que je dévore en secret, la
mort dans le cœur, le calme sur le front... »

Une touchante lettre, en date du 9 août, complète ce douloureux tableau :

« Hier j'ai été voir sur les hauteurs de Franskea
mes deux hôpitaux de fiévreux et les débris du
1er de zouaves. C'est navrant : la fatigue, la

maladie sont écrites sur les traits de ces braves
gens ! Ils sont résignés mais profondément tristes. J'ai vu là 1.100 malades et 2.000 malingres
qui ne me sortent pas de la pensée. Je crois que
pour être général en chef il faut être égoïste.
Mais je ne peux pas l'être ; j'aime mes soldats
et je souffre de leurs maux.

« Je cherche au fond de mon âme toute mon
énergie, je voudrais y trouver plus de résignation,
disait encore Saint-Arnaud, mais la patience la
plus sublime échappe. Rien ne m'aura manqué :
le choléra, le feu, je n'attends plus que la tempête
pour la braver aussi... Je me débats péniblement
contre toutes les calamités imaginables. Elles
m'ont toutes frappé sans m'abattre cependant...
J'ai vu mes amis, mes compagnons d'armes, mes
soldats, qui sont mes enfants, moissonnés comme
par la foudre et je suis resté debout sur cet os-
suaire. On dirait que dans mon corps brisé par
les souffrances, usé par le travail et la pensée,
les forces augmentent en raison de leur décrois-
sance chez tous ceux qui m'entourent.

« Quelle épreuve au bout de ma vie ! J'en sor-
tirai, parce que j'ai foi et que j'ai un cœur qui
ne faiblit devant rien..... »

A la fin d'août, comme le siège de Sébastopol
venait d'être décidé, le Maréchal écrit à sa femme :

« Priez pour les combattants de Crimée ! je perdrai moins de monde pour prendre Sébastopol que par le choléra et les fièvres. »

Pendant que l'imposante flotte anglo-française transporte de l'autre côté de la mer Noire l'armée alliée, une fièvre pernicieuse, prise à Varna, cloue Saint-Arnaud sur un lit de douleur, et son entourage se demande avec angoisse s'il arrivera vivant en Crimée. « Tout cela est entre les mains de Dieu », répétait, d'une voix mourante, l'aventureux soldat devenu un grand chrétien.

Voici enfin que les côtes se dessinent à l'horizon. Bientôt les vaisseaux carguent leurs voiles, déroulent leurs ancres ; les chaloupes et les canots sont mis à la mer pour le débarquement des troupes. Le 19 septembre, les armées de la France et de l'Angleterre sont campées non loin de l'Alma. De l'autre côté de la rive, on aperçoit l'armée russe, prête à disputer le passage. L'approche de la bataille semble avoir rendu la vie au Maréchal. Il est debout, dictant le plan de la bataille, et le lendemain, il reste douze heures à cheval, galopant au milieu des boulets.

« Dieu me devrait bien quinze jours de bonheur après tant d'épreuves », disait le Maréchal au moment de s'embarquer pour la Crimée.

Dieu n'accorda pas au vaillant soldat les quinze

jours de bonheur qu'il lui demandait, mais il dépassa ses ambitions en lui donnant cette glorieuse victoire de l'Alma qui allait immortaliser son nom.

Dans la nuit du 25 au 26 septembre, une soudaine attaque de choléra saisissait le Maréchal. Le vaillant soldat ne se fit pas d'illusion. C'était la mort. Il vit venir sans épouvante la sinistre visiteuse. Depuis longtemps il l'attendait.

Dominant d'atroces souffrances, Saint-Arnaud dicta ses adieux à l'armée dans une émouvante proclamation :

« ... Soldats, la Providence refuse à votre chef la satisfaction de continuer à vous conduire dans la voie glorieuse qui s'ouvre devant vous... Je remets le commandement entre les mains du général de division Canrobert. C'est un adoucissement à ma douleur que d'avoir à déposer en de si dignes mains le drapeau que la France m'avait confié... »

Après avoir rempli ce suprême devoir de chef d'armée, le moribond se fit porter à bord du *Berthollet* qui devait le ramener à Thérapia.

Poursuivi dans sa douloureuse agonie par les souvenirs de sa vie de soldat, il croit entendre les crépitements de la fusillade, le canon, les cris de victoire, et ce n'est que le bruit des vagues se

brisant aux flancs du vaisseau sur lequel il va mourir !

Ce vaisseau ballotté par les flots, cinglant vers le port, c'était bien l'image de l'homme qui agonisait à son bord. Lui aussi avait été ballotté par bien des tempêtes, s'était heurté à bien des écueils. Mais, soudainement éclairé par un rayon d'en haut, il avait donné un énergique coup de barre, et, sans l'ombre d'une hésitation, orienté sa vie vers le port éternel où l'attendaient le repos et le bonheur.

Le 29 septembre, le maréchal de Saint-Arnaud exhalait son dernier soupir sur le crucifix ; onze jours après, son successeur à l'armée d'Orient faisait commencer les premiers travaux du siège de Sébastopol.

Ce siège devait être un des plus longs et des plus pénibles de l'histoire. La ville, construite dans une admirable position au point de vue stratégique, venait d'être entourée par l'ingénieur Totleben d'imposantes fortifications ; des approvisionnements considérables défiaient la famine et une indomptable énergie animait les assiégés.

L'attaque de Sébastopol ne pouvait avoir lieu que par terre, les Russes ayant obstrué l'entrée de la rade. La flotte, que commandait l'amiral

Bruat, n'avait donc plus à jouer qu'un rôle très secondaire dans le grand drame qui se préparait; aussi une partie de ses équipages fut-elle détachée aux batteries du siège sous les ordres du contre-amiral Rigault de Genouilly.

Parmi ces privilégiés, nous trouvons Bergasse du Petit-Thouars.

Depuis la déclaration de guerre, le séjour de l'Italie lui était devenu intolérable, et, malgré les instances, les larmes de sa mère, il était rentré à Toulon dans les derniers jours de juillet, pour solliciter un embarquement.

Le 9 août 1854, le jeune enseigne, au comble de ses vœux, montait à bord du *Christophe Colomb* en partance pour l'Orient. Son commandant, le capitaine de frégate Chevalier, le prit de suite en affection.

« M. Bergasse du Petit-Thouars sait beaucoup et apprend chaque jour, dit-il dans ses notes. Impossible de trouver meilleure tenue, caractère plus égal et plus de disposition à tout faire le mieux possible. »

Le commandant ne garda pas longtemps l'officier dont il faisait un si grand éloge. L'amiral Rigault de Genouilly le réclamait auprès de lui dans les tranchées.

Ce poste d'honneur était une rude épreuve pour

un convalescent. La neige et la pluie transformaient les campements en de véritables marais, dans lesquels piétinaient nos malheureux soldats sans pouvoir se réchauffer, car le bois manquait pour alimenter les feux de bivouac. Si le temps s'éclaircissait, le froid devenait alors si intense qu'il fallait suspendre tous les travaux de terrassement. Les vieux survivants de la campagne de Crimée ont gardé le souvenir de ce terrible hiver en face de Sébastopol.

Le 2 mars 1855, le Czar Nicolas meurt presque subitement, mais sa mort ne change rien aux événements et le siège de Sébastopol se continue avec la même ardeur de part et d'autre.

Russes, Français et Anglais rivalisent de bravoure. Le digne héritier des du Petit-Thouars est parmi les plus intrépides. Le 12 avril un boulet russe tombe à quelques pas de lui. Atteint par un de ses éclats, il pâlit et chancelle ; les matelots qui l'entourent veulent le conduire à l'ambulance. — « Ce n'est rien ! » dit-il ; et, se relevant, il continue à diriger le feu.

Mais le soir une fièvre ardente le jetait sur son lit de camp. Malgré son énergie, il lui fallut obéir au chirurgien major et se laisser soigner.

Les âmes fortement trempées dominent mieux la souffrance physique. Après deux jours de réclusion, le blessé venait reprendre sa place à la batterie.

En le voyant arriver encore tout meurtri, les matelots lui firent une véritable ovation.

Informé de ce fait de guerre, le général en chef voulut récompenser un si bel exemple d'énergie, et, le 29 avril, il donnait au jeune marin la croix de chevalier de la Légion d'honneur.

« C'est un officier remarquable par son courage et son activité, écrivait Canrobert, en demandant à l'Empereur de ratifier cette nomination. Blessé dans la batterie 10, par un éclat de boulet, il a continué à servir et n'a pris deux jours de repos que sur l'injonction formelle du chirurgien major. »

La joie de Bergasse du Petit-Thouars fut grande. C'était pour lui la première étape dans cette carrière qu'il voulait glorieuse pour rester digne de ses ancêtres, digne du nom que lui léguait son oncle.

Formé à la grande école du Christ, il ignorait les ambitions dévorantes des âmes qui n'ont d'autre idéal que la gloire humaine, il connaissait le néant des vanités terrestres, mais il avait au cœur ce fier sentiment de l'honneur du nom, qui est, après Dieu, la plus grande force dans les combats de la vie.

En même temps qu'il donnait la croix au petit-
neveu du héros d'Aboukir, Canrobert songeait à
remettre son épée de commandement au général
Pélissier.

De graves dissentiments s'étaient élevés entre
lui et le général en chef de l'armée anglaise,
Lord Raglan, à la suite d'une opération qui devait
se faire en commun avec les deux armées. Au
dernier moment, d'après des instructions venues
de France, Canrobert crut devoir contremander
ses troupes et le mouvement dont Lord Raglan
avait pris l'initiative échoua. Il rejeta toute la
responsabilité de cet échec sur notre abandon et
en témoigna une telle rancune à notre général
en chef, que celui-ci préféra donner sa démission, plutôt que de s'exposer à être privé des
secours de l'armée alliée à une heure décisive.

Le prétexte officiel fut une raison de santé qui
ne trompa personne. « Mon devoir envers l'Empereur et la France, écrivait le vaillant soldat, m'o-
blige à remettre la direction du siège au général
Pélissier, chef habile et d'une grande expérience.

« L'armée que je lui laisserai est aguerrie, ardente ; je supplie l'Empereur de m'y donner une
place de combattant à la tête d'une simple division... »

Avant même d'avoir reçu la réponse impériale,

Canrobert faisait appeler le général Pélissier pour lui remettre ses pouvoirs de commandant en chef. Le vieux soldat, ému d'une telle abnégation, hésitait à accepter.

« — Vous le regretterez », disait-il à son ancien lieutenant d'Afrique.

Mais celui-ci, tendant la copie de sa dépêche, dit simplement :

« — On ne regrette jamais d'avoir fait son devoir. »

Belle parole, qui nous semble bien à sa place dans cette histoire d'un homme qui a mis partout et toujours le devoir en première ligne.

Le général Pélissier n'avait pas, comme son prédécesseur, le souci de la vie du soldat. Dur à lui-même et aux autres, bien décidé à ne se laisser arrêter par aucun obstacle pour en finir au plus vite avec cet interminable siège, il poussa les opérations avec une vigueur extrême, et, le 9 juin 1854, nos troupes montaient à l'assaut du Mamelon Vert, formidable redoute en avant de Sébastopol.

Après une lutte acharnée, les Russes sont contraints d'abandonner le Mamelon Vert, mais ils ont victorieusement repoussé l'attaque dirigée sur la tour Malakoff.

Le lendemain de cette mémorable journée,

Bergasse du Petit-Thouars, monté sur la batterie, rectifiait le tir de ses canonniers, quand tout à coup un boulet russe, habilement dirigé, vient frapper la partie du parapet sur laquelle il se trouve. Violemment projeté à quelques mètres avec les débris des terrassements, l'enseigne est relevé le visage en sang ; la commotion a été si violente qu'il a perdu connaissance et que les yeux sont presque sortis de leur orbite.

« Il est perdu ! » s'écrient les matelots en le voyant ainsi défiguré. Ces rudes voix arrachent le blessé à sa torpeur, et, rassemblant toutes ses forces : « Allons, mes garçons, leur dit-il, à vos pièces ! »

Surexcités par le désir de venger leur jeune chef, les canonniers font de tels prodiges, que bientôt l'artillerie ennemie, démontée, est réduite au silence. Pour récompense, ils demandent la faveur de garder le blessé dans leur campement. L'ambulance est trop loin, jamais il ne pourra supporter le trajet sous ce brûlant soleil, et d'ailleurs qui le soignerait avec plus de dévouement que les canonniers dont il est l'idole ?...

Le commandant de la batterie accéda à leur désir, car il partageait l'affection de ses hommes pour Bergasse du Petit-Thouars, et, pendant six semaines, les infirmiers improvisés se relevèrent au chevet du moribond, allant sous le feu des

Russes puiser l'eau fraîche dont il fallait sans cesse inonder ce malheureux visage, qui n'était qu'une plaie. L'œil droit était irrémédiablement perdu, le gauche très compromis, et un délire incessant faisait redouter la complication d'une méningite.

Enfin le danger disparut ; mais l'état du blessé demandait des soins, un repos qu'il ne pouvait trouver au milieu d'un camp, et, le 23 juin, il s'embarquait sur le *Fleurus,* après avoir serré les mains calleuses de ses humbles frères d'armes, dont le dévouement l'avait arraché à une mort presque certaine.

Immobilisé dans les bureaux du Conseil d'Amirauté, le vice-amiral du Petit-Thouars souffrait cruellement de son inaction, et aux premiers jours de septembre, il suppliait le ministre de la marine de lui donner un rôle à jouer dans cette expédition qui semblait devoir se prolonger indéfiniment. Mais, sur ces entrefaites, nos soldats escaladaient les murailles démantelées de la tour Malakoff et forçaient les portes de Sébastopol (8 septembre 1855).

La lutte était finie. Nos vaisseaux n'ayant plus qu'à rapatrier les vainqueurs, le héros de Taïti n'eut pas la joie d'arborer son pavillon en face de l'ennemi. Mais il était fier de la belle conduite de son neveu, à laquelle l'amiral Rigault de Genouilly rendait un éclatant hommage.

La blessure du jeune marin l'obligea à prendre un long congé. A peine arrivé à Toulon, il repartit bien faible encore pour Boricella, où sa mère l'attendait anxieuse et désolée.

Le doux climat de l'Italie, et plus encore les soins et les prières maternelles, cicatrisèrent enfin les glorieux stigmates de l'expédition de Crimée, et, au mois de novembre 1856, Bergasse du Petit-Thouars était suffisamment rétabli pour accepter un poste d'officier d'ordonnance auprès de l'amiral Hamelin, le ministre d'alors. Quelques jours plus tard, l'Empereur signait sa nomination de lieutenant de vaisseau « en récompense de ses brillants services devant Sébastopol », et le Sultan lui faisait remettre l'ordre du Medjidié.

Après avoir passé quelques mois à l'état-major du ministre, l'infatigable marin obtint d'être envoyé comme officier instructeur à bord du *Suffren,* le vaisseau-école des canonniers. Cet embarquement, le plus ambitionné de tous, car il ne se donne qu'aux officiers d'élite, réalisait tous les désirs du lieutenant de vaisseau, qui avait de grandes aptitudes et une véritable passion pour les études d'artillerie.

« C'est un officier instruit, disait dans ses notes le commandant Dubut ; il travaille beaucoup, a du commandement, de l'activité, un zèle au-dessus de tout éloge, manœuvre bien, promet de devenir un officier très remarquable. »

Après l'inspection d'octobre, le préfet maritime de Toulon complétait ces éloges en proposant Bergasse du Petit-Thouars pour un commandement. Jamais carrière ne s'était annoncée plus brillamment que celle de l'ancien élève de Juilly. Il n'avait pas encore vingt-sept ans et comptait déjà deux blessures et des services exceptionnels, que les anciens frères d'armes de son oncle ne demandaient qu'à faire valoir.

C'est ainsi qu'au moment où s'organisait la guerre d'Italie, l'amiral Dupouy, commandant en chef l'escadrille des canonnières démontables, lui confia l'*Eclair*.

« A tout autre qu'à lui j'envierais ce poste, mais je l'en félicite bien sincèrement », écrivait Courbet, qui était alors fort tristement relégué dans le petit port de Lorient.

Depuis la *Capricieuse*, les deux officiers ne s'étaient jamais retrouvés sur le même bord, mais leurs relations étaient restées très affectueuses, et du Petit-Thouars, mieux appuyé au ministère que le futur héros du Tonkin, lui venait en aide avec une obligeance, un dévouement dont nous avons maintes fois trouvé la preuve dans la correspondance des deux officiers.

C'est ainsi qu'en 1859 Bergasse du Petit-Thouars faisait démarches sur démarches pour obtenir que son ancien camarade quitte Lorient et vienne le remplacer à bord du *Suffren*.

On sait avec quelle soudaineté la paix fut conclue au lendemain de Solférino. Profondément ému en parcourant le champ de bataille, l'Empereur ne voulut plus abreuver de sang français la terre italienne, et nos marins n'eurent pas le temps de prendre part à l'action.

Si courte qu'ait été cette campagne, elle donna au jeune commandant de l'*Eclair* l'occasion de révéler ses merveilleuses qualités d'officier supérieur. Qualités que constate son chef direct, le capitaine de vaisseau de la Roncière le Noury, en le proposant pour la croix d'officier de la Légion d'honneur. « Officier très distingué sous tous les rapports, il a un grand avenir devant lui, même sans les blessures qu'il a reçues à Sébastopol et le nom qu'il porte. »

Malgré son éloquence, cette proposition n'eut pas d'écho au ministère et du Petit-Thouars conserva son ruban de chevalier jusqu'en 1867.

Comme compensation, on lui donna, le 10 octobre 1859, le commandement de l'aviso *l'Euphrate*, en station sur les côtes d'Algérie. C'est dans une de ses escales à Alger, que la Providence fit rencontrer au marin la jeune fille qui devait être la compagne fidèle et dévouée de toute sa vie.

Mlle Sina Mac Leod, d'origine écossaise, appartenait à la grande famille maritime par son oncle le commandant Fourichon. Elle avait comme du Petit-Thouars une âme croyante et forte, et elle mit avec confiance sa main dans celle du vaillant serviteur de Dieu et de la Patrie.

Le mariage fut célébré à Paris, le 5 novembre 1860, dans l'église de Sainte-Clotilde.

L'amiral servait de père à son filleul. Tous deux personnifiaient de nobles et vaillantes pages de notre histoire contemporaine ; la foule qui les entourait évoquait les souvenirs glorieux d'Aboukir et de Sébastopol, du Pacifique et de la Méditerranée, et répétait avec enthousiasme ce nom de du Petit-Thouars, dont l'illustration se perdait dans un lointain passé.

L'avenir s'ouvrait rempli de belles espérances pour ce jeune et brillant officier, en qui revivaient déjà les vertus et les gloires d'une race constamment fidèle au vieil adage : *Noblesse oblige !*

CHAPITRE VI

Bergasse du Petit-Thouars conserva le commandement de l'*Euphrate* jusqu'au 28 septembre 1861. Il était heureux de suivre sur les rives algériennes les traces de son oncle, de raviver le souvenir de ces belles croisières du *Voltigeur* et du *Griffon*, auxquelles le maréchal de Bourmont dut le succès de son débarquement sur la plage de Sidi Ferruch ; cependant il quitta avec bonheur l'Algérie pour venir au dépôt des Cartes et Plans. Il espérait s'y reposer quelque temps de son existence jusqu'alors si vagabonde, jouir un peu de la douce vie de foyer à peine entrevue ; la nomination du vice-amiral Rigault de Genouilly à l'escadre de la Méditerranée fit écrouler ce joli rêve.

L'ancien commandant des batteries de Sébastopol n'avait pas oublié l'intrépide enseigne et il voulut attacher Bergasse du Petit-Thouars à son état-major comme aide de camp.

« Je servais dans le même état-major, dit l'amiral Humann, et c'est de cette époque que s'établirent entre nous des relations cordiales et affectueuses que le temps et la distance n'ont pu affaiblir et dont je ne saurais mieux dire qu'elles laissaient aux jeunes officiers admis à les partager le souvenir d'un guide, d'un appui aussi éclairé que réconfortant. »

Une grande communauté d'idées, de sentiments et de souvenirs attachait l'un à l'autre les deux lieutenants de vaisseau.

A quelques années de distance, tous deux avaient reçu des mêmes maîtres, sous les mêmes ombrages du vieux Juilly, ces grandes et fortes leçons qui font les âmes loyales et vaillantes, mais jusqu'alors les hasards des embarquements ne les avaient jamais réunis. Ils eurent donc un grand bonheur à se retrouver dans l'intimité de la vie du bord et

AMIRAL BERGASSE DU PETIT-THOUARS

les affectueuses relations commencées sur la *Bretagne* se continuèrent à travers les vicissitudes de la carrière maritime.

Mieux que tout autre, le futur amiral Humann était à même d'apprécier les services rendus à l'escadre d'évolutions par l'aide de camp du commandant en chef.

« Du Petit-Thouars, dira-t-il un jour en rendant hommage à son ancien camarade, s'efforça de réaliser sur nos vaisseaux la méthode d'instruction qu'il avait vu employer sur l'Ecole de canonnage, et son influence contribua à faire imprimer aux exercices une direction pratique, que n'ont pas oubliée ses contemporains.

« En contact intime avec le chef suprême de l'escadre, il s'imprègne de l'esprit d'autorité, de la science du commandement, que l'amiral Rigault de Genouilly appliquait d'une façon magistrale, et nous ne tarderons pas à voir les fruits qu'il recueillit de ces leçons. »

« Je ne connais pas d'officier qui serve plus consciencieusement et qui possède un mérite plus réel, disait l'amiral Rigault de Genouilly en demandant pour son aide de camp le grade de capitaine de frégate. »

Une telle recommandation ne pouvait rester stérile, et Bergasse du Petit-Thouars fut compris

dans la promotion du 15 août 1864. Ses épaulettes
vinrent le rejoindre à Constantinople où il commandait le stationnaire *l'Ajaccio* depuis les premiers jours de janvier.

Il avait à peine trente-deux ans. C'était un
avancement superbe, plein de promesses pour
l'avenir. Mais un deuil cruel assombrissait la
joie de cette nomination. Depuis le mois de mars
l'amiral Abel du Petit-Thouars dormait du dernier sommeil; il était mort en véritable chrétien,
envoyant à son fils adoptif, retenu loin de lui
par le service de la Patrie, ses bénédictions pour
toutes les joies, toutes les espérances qu'il lui
donnait.

Après la retentissante expédition de Taïti, son
héros avait vécu dans une sorte de retraite.
En 1849 il était venu s'asseoir sur les bancs de
l'Assemblée législative. Après avoir rempli le
mandat qui lui avait été confié, le vice-amiral
dit adieu pour toujours à la politique et rentra
au Conseil d'Amirauté dont il fit partie jusqu'à
sa mise à la retraite en 1858.

Il devint alors un des membres les plus actifs
de l'Académie des Sciences, partageant son temps
entre l'étude et le paisible bonheur d'un foyer que
sa carrière active et la fidélité d'un cher et lointain
souvenir l'avaient empêché de se créer plus tôt.

Près d'un demi-siècle auparavant, Abel du Petit-Thouars, lorsqu'il parcourait l'Atlantique, avait rencontré dans une des escales une charmante créole dont il avait rêvé de faire la compagne de sa vie. Un ordre subit de départ l'obligea de quitter la colonie sans avoir demandé la main de Mlle de Cambefort.

Il partit, se promettant de revenir bientôt. Mais pendant plusieurs mois le devoir le retint au loin ; enfin le *Goéland* est libre de remettre le cap sur les Antilles. Les yeux vers la côte qui émerge peu à peu de l'horizon, le jeune homme caresse mille projets d'heureux avenir. Voici la rade ; les ancres du vaisseau déroulent lentement leurs chaînes ; les canots sont à la mer ; du Petit-Thouars, impatient, active les rameurs. Sur le quai, il aperçoit un visage ami. C'est de Gauville, un de ses plus chers camarades.

— Quelles nouvelles ? demande-t-il en mettant pied à terre.

— Je me marie dans quelques jours et je compte sur toi pour être mon témoin.

— Le nom de ta fiancée ?

— Mlle de Cambefort.

Du Petit-Thouars eut un involontaire tressaillement. L'épreuve était cruelle. Mais le marin avait une âme vaillante, il dompta son émotion, rendit le service demandé, et, disant adieu aux rêves caressés, il reprit la mer, en souhaitant loyalement le bonheur du jeune ménage.

Les années passèrent, jetant leur poids sur les vaillantes épaules du marin. Il songea alors que l'heure allait venir où il faudrait dire adieu à cette existence active, à ces vaisseaux sur lesquels il courait à travers les océans, pour se retrouver seul et triste à un foyer désert.

Il pensait donc à se marier et à choisir pour ses derniers jours une compagne fidèle et dévouée, lorsque la Providence mit sur sa route la femme entrevue dans sa radieuse jeunesse. La mort de son ancien ami permettait à l'amiral de renouer le roman ébauché par l'enseigne de vaisseau, et, au mois de mars 1849, le héros de Taïti épousait la veuve du commandant de Gauville.

Elle avait deux fils, qui entourèrent d'affection et de dévouement les dernières années de l'amiral, rivalisant de respect et de tendresse avec son filleul, que les devoirs de sa carrière retenaient si souvent loin des siens.

Abel du Petit-Thouars avait pour eux une tendresse paternelle. Il s'éteignit doucement au milieu de cette famille d'adoption si chère à son cœur, veillé pendant les heures d'agonie par les fils de M. de Gauville, qui conduisirent à sa dernière demeure la dépouille mortelle du vieux serviteur de la Patrie.

Avec l'humilité des preux du Moyen Age, Abel du Petit-Thouars n'avait pas voulu de pompeux cortège officiel. Seuls, ses amis, ses anciens camarades, l'accompagnèrent au cimetière.

« C'est à titre d'amis respectueux que nous lui rendons un dernier hommage, dit le contre-amiral de la Roncière le Noury, alors chef d'état-major du ministre de la marine. Pour obéir à la dernière volonté de l'amiral, aucun bruit d'honneur militaire ne retentit aujourd'hui autour de son cercueil, ainsi l'a désiré l'humilité chrétienne de son âme, et, dans ce vœu, il nous semble voir se résumer sa vie toute d'attachement au devoir et de simplicité. »

Après avoir rappelé les principales étapes de cette longue carrière, le chef d'état-major fit allusion ļaux agitations politiques causées par l'affaire de Taïti, en disant : « Pénétré de la droiture de ses intentions, peu soucieux des succès de hasard, il ne pouvait convenir à cet honnête homme de livrer son nom aux agitations des partis. »

Le Roi est mort, vive le Roi ! criaient les hérauts d'armes de la vieille France ; le vaillant dont on pleurait la mort, le 20 mars 1864, ne disparaissait pas tout entier, il laissait un héritier digne de lui, digne du nom de ses ancêtres.

Pendant son séjour dans les eaux de Constantinople, le commandant du Petit-Thouars allait montrer qu'il savait être, comme son oncle, aussi bon diplomate que vaillant soldat et louvoyer avec autant d'adresse à travers les récifs d'une politique tortueuse, que parmi les écueils des lointains océans.

Nos relations avec la Sublime Porte étaient alors fort difficiles. Des troubles sérieux venaient d'éclater en Tunisie, menaçant la sécurité de notre colonie algérienne, et la Turquie, oublieuse du secours donné par nos soldats en 1855, favorisait presque ouvertement l'agitation musulmane.

Il fallait donc au commandant de notre stationnaire beaucoup d'habileté pour éviter une rupture et déjouer les intrigues orientales, et en même temps une attitude très ferme pour en imposer à des hommes qui n'ont de respect que pour le droit du plus fort. Bergasse du Petit-Thouars se montra tout à fait à la hauteur de cette mission difficile, et les notes de l'amiral d'Aboville, qui commandait en chef la division du Levant, mettent en pleine lumière les services diplomatiques rendus par le marin.

Sur ces entrefaites, le vice-amiral Rigault de Genouilly reçut des mains de l'Empereur le bâton d'amiral de France. Son premier acte fut d'appeler auprès de lui, comme aide de camp, le commandant de l'*Ajaccio* dont la mission était d'ailleurs terminée.

Le Sultan, effrayé par la ferme attitude de du Petit-Thouars, s'était décidé à laisser à eux-mêmes les Tunisiens, et l'effervescence qui avait fait redouter un mouvement général parmi les populations musulmanes s'était vite apaisée.

Chargé du portefeuille de la marine, Rigault de Genouilly conserva pour premier aide de camp son ancien officier de Crimée.

Homme du monde accompli, le jeune capitaine de frégate était bien à sa place à côté de l'amiral ministre, dans ses beaux salons de l'ancien garde-meuble de la Couronne où revivent, comme en une légende, les poétiques souvenirs de Marie-Antoinette.

Dans ses courses à Paris, la future Martyre de la Révolution venait s'y reposer, de préférence aux Tuileries qu'elle n'aimait pas. Ce palais, abandonné depuis les troubles de la Fronde, lui causait comme à son aïeul Louis XIV un instinctif effroi. Le grand roi n'avait jamais oublié l'émeute qui l'en avait chassé tout enfant, et la séduisante Dauphine semblait pressentir qu'il serait pour elle un jour une prison.

En 1867, le spectre de l'émeute n'apparaissait pas aux Tuileries, l'Empire était à son apogée et l'Exposition universelle s'ouvrait comme une féerique apothéose.

Les princes et les rois s'empressaient autour de Napoléon III, et la foule, éblouie par l'étincelante splendeur des cortèges, passait et repassait inconsciente devant les premiers canons Krupp, dont la masse sombre se détachait sinistre parmi les merveilles envoyées au Champ de Mars.

Mais qui donc songeait en ces jours de fête que les canons allemands pourraient bientôt reprendre la route de France et jeter l'épouvante et la mort dans cette ville de Paris où ils n'excitaient alors qu'une banale curiosité ?

Seuls, quelques officiers d'un esprit supérieur, quelques âmes profondément chrétiennes entrevoyaient l'abîme vers lequel la France était entraînée ; mais leurs voix se perdait dans le tumulte de cette joyeuse farandole, que rythmait la folle musique d'Hervé et d'Offenbach.

La situation officielle de Bergasse du Petit-Thouars le plaçait au milieu de ce tourbillon de plaisirs et de fêtes, mais son cœur, surélevé par les pieux conseils du P. Carl, ne se laissa pas atteindre par le courant mondain qui l'enveloppait de toutes parts. Aussi inébranlable que les blocs de granit de nos îles bretonnes, il garda intacte la foi vive puisée à Juilly.

Cependant, le marin avait hâte de reprendre la vie active du bord, de se retrouver en face de ces horizons infinis, si captivants pour certaines âmes, et, au mois de juillet, il obtenait de quitter le poste d'aide de camp du ministre pour commander le *Dupleix,* à destination de l'Extrême-Orient.

La frégate avait pour mission de relever les côtes des lointains océans que Bergasse du Petit-Thouars avait déjà visitées au début de sa carrière. Aucun officier n'était donc plus apte que lui à diriger ces travaux hydrographiques, et, le 12 août 1867, il quittait Brest, heureux de revoir les parages explorés jadis à bord de la *Capricieuse ;* « ne se doutant pas, dira son éloquent panégyriste, le P. Lallemand, des grandes choses qui l'attendaient, ni des résultats heureux dont sa mission serait la source féconde. »

A la fin de novembre, le *Dupleix* arrivait en vue de ce delta du Mékong, où l'amiral Rigault de Genouilly avait si vaillamment planté le drapeau de la France huit ans auparavant.

Malgré les intrigues, les trahisons, dont les entouraient les Annamites, malgré le meurtrier climat, nos soldats avaient non seulement gardé le territoire conquis en 1859, mais ils l'avaient encore étendu, grâce à l'audacieuse énergie de l'amiral de la Grandière, et en 1862 l'empereur Tu Duc se résignait à nous abandonner la Basse Cochinchine, ce grenier à riz de l'Annam, suivant l'expression de M. de Bizemont, à ouvrir trois de ses ports à notre commerce et à permettre le libre exercice de la religion chrétienne dans son empire, aussi bien aux indigènes qu'aux étrangers.

Cette promesse devait être souvent violée, mais elle réalisait une fois de plus le vieux cri de nos pères : *Gesta Dei per Francos.*

Il serait intéressant de suivre de près cette œuvre de Dieu, faite par nos marins en Extrême Orient, de voir les vaillantes épées des Cécille, des Prost, des Francis Garnier, des Courbet, à côté du pauvre crucifix de nos missionnaires. Nous le ferons un jour, car c'est la gloire de notre patrie d'avoir été la protectrice, l'alliée des apôtres du Christ, et c'est aussi notre espérance en ces jours si assombris !... Dieu ne peut pas laisser disparaître une nation, dont le drapeau a si souvent abrité de ses plis la Croix Rédemptrice.

Du Petit-Thouars, en parlant de l'organisation de notre armée coloniale, disait qu'avant toute chose « il fallait demander aux officiers et aux soldats qu'on envoyait en Cochinchine un bon moral et un sentiment de devoir consommé. »

Ce sentiment de devoir, dont il donnait l'exemple et qu'il poussait même à l'excès, faillit une fois de plus lui coûter la vie. Un jour qu'il explorait les alentours de Saïgon, il tomba foudroyé par une insolation. Ses matelots en larmes le portèrent mourant à l'hôpital ; mais Dieu réservait à son intrépide serviteur une plus abondante moisson, et, malgré toutes les prévisions des médecins, il revint à la vie.

L'amiral de la Grandière et sa femme avaient pour le commandant du Petit-Thouars cette profonde sympathie qu'inspirent les âmes d'élite aux natures élevées ; aussi, dès qu'il fut transportable, voulurent-ils l'installer sous leur toit, veillant sur sa convalescence avec une sollicitude toute familiale.

Tant de dévouements et de soins hâtèrent si bien le rétablissement du commandant, qu'il fut bientôt en état de reprendre la mer, et, aux premiers jours de janvier 1868, il disait adieu à ses hôtes pour remonter sur sa chère frégate qu'il avait cru ne jamais revoir.

« Il affectionnait son *Dupleix,* dira le P. Lallemand, comme si cette coque de bois eût eu une âme. C'est qu'elle portait ses marins, c'est qu'elle se couvrait des couleurs nationales et que là où elle apparaissait elle donnait aux indigènes de l'Extrême-Orient comme une vision de cette France lointaine qu'elle venait servir et faire aimer. »

Le 10 février, le vaisseau jetait l'ancre dans la baie de Yokohama. Il y avait à peine dix ans que lord Egin et le baron Gros avaient forcé les séculaires barrières qui fermaient impitoyablement le Japon aux Européens. Mais si leur diplomatie avait eu raison des préjugés du gouvernement, la vieille haine des Japonais pour les étrangers était encore très vivace dans le peuple ; les marins du *Dupleix* allaient en faire bientôt la cruelle expérience.

En 1868, les esprits étaient surexcités par une de ces guerres intestines, comme il y en avait au temps de la féodalité entre nos rois et leurs grands vassaux.

Le Mikado a vaincu le Taïcoun, mais des bandes de Samouraï, troupes aussi indisciplinées et aussi redoutables que *les Grandes Compagnies* de du Guesclin, courent le pays, terrorisant les missions, menaçant la sécurité des Européens en résidence dans les ports.

Dans les premiers jours de mars, du Petit Thouars reçut l'ordre d'envoyer le canot à vapeur du *Dupleix,* pour remorquer la baleinière de la *Vénus,* qui devait attendre à Sakaï le chef de la division navale, le commandant Roy, et notre consul, M. Roche, qui étaient allés à Osaka voir le Mikado.

Nos relations avec le Japon, compromises un instant par l'imprudent appui donné au Taïcoùn par notre agent diplomatique, étaient alors des plus amicales et rien ne semblait faire prévoir le moindre acte d'hostilité de la part d'une population qui se pressait curieuse pour voir le canot français. L'officier qui le commandait, l'enseigne de vaisseau Guillon, ne vit donc aucun inconvénient à donner au quartier maître et à un des mécaniciens l'autorisation de descendre à terre.

Amusés par le spectacle de cette étrange civilisation, les deux marins quittent le quai et s'aventurent dans une des rues avoisinantes. Soudain, ils sont assaillis par une centaine d'hommes armés qui essaient de les entraîner dans l'intérieur de la ville.

— Pousse au large, nous sommes perdus ! dit le quartier maître à son compagnon.

D'un effort désespéré, tous deux parviennent à regagner le quai ; poursuivis par des cris de mort, ils arrivent hors d'haleine jusqu'à la chaloupe.

Pendant les manœuvres d'appareillage, nos malheureux marins servent de cible aux Samouraï qui tirent sur eux à bout portant. Deux balles viennent frapper l'enseigne Guillon, il chancelle et, tombant par-dessus le bastingage, disparaît dans les flots ; trois des matelots sont tués raides, les autres plus ou moins atteints se jettent à l'eau, cherchant un abri entre la chaloupe et une jonque amarrée à côté.

La baleinière de la *Vénus* était restée en dehors du port, mais les cris sauvages des Japonais, le crépitement de la fusillade, sont arrivés jusqu'à elle ; l'enseigne qui la commande, le fils de l'amiral Paris, fait aussitôt hisser les voiles pour accourir au secours de ses camarades.

Debout sous une grêle de balles, le jeune officier fait recueillir les morts et les blessés tombés à la mer ; mais, dans l'état où se trouve le canot, il lui est impossible de songer à le remorquer et il reprend le large, au plus vite, pour avertir le commandant du *Dupleix* de l'épouvantable guet-apens dont ses marins viennent d'être les victimes.

Il lui faut se hâter d'autant plus que les Samouraï, abandonnant le quai, s'élancent vers les forts qui défendent Sakaï, espérant foudroyer au passage les deux embarcations.

Mais, grâce à cette diversion, le quai est maintenant désert, et tandis que les matelots de la
Vénus, penchés sur leurs avirons, poussent la
baleinière vers le *Dupleix*, les survivants de la
chaloupe, aidés par le second maître qui seul n'a
pas été atteint, remontent à bord. Soutenus par
une suprême espérance, ils oublient leurs blessures et, unissant leurs forces, ils arrivent, la
Providence aidant, à sortir de ce port inhos-
pitalier.

Il était cinq heures du soir lorsque la baleinière
accosta le *Dupleix*.

« Aussitôt, raconte le commandant Prost, du
Petit-Thouars donne l'ordre de faire armer les
canots de la division de guerre et me prescrit de
me diriger avec eux sur le canot à vapeur, qui
venait d'être signalé faisant route avec ses voiles ;
pendant que lui-même sautait dans sa baleinière
pour porter de plus prompts secours au canot en
détresse. Il me fit en ce moment l'effet d'un de
ces hommes que le danger élève au-dessus d'eux-
mêmes... Ses ordres jaillissaient nets, précis,
sans une parole inutile. En un clin d'œil son
ardeur se communique à tous, et pendant deux
ou trois minutes le *Dupleix* fut comme une
fourmilière. »

A peine la baleinière a-t-elle accosté le canot

que du Petit-Thouars saute à bord. Hélas ! des seize hommes pleins de force et de vie qui formaient l'équipe, il en reste sept, dont deux seulement n'ont pas été atteints par les balles japonaises !...

Pas un cri, pas une plainte ne s'échappaient des lèvres des blessés. En voyant arriver leur commandant, ils ne songent qu'à se disculper auprès de lui, l'assurant qu'ils ne sont coupables d'aucune imprudence, qu'ils n'ont aucune faute à se reprocher. Ces malheureux, dont le sang ruisselle, qui ont le corps traversé par des balles, les bras et les jambes brisés, oublient leurs souffrances pour s'inquiéter du sort de leur chef, et avec cette touchante abnégation qui transforme le plus humble, le plus ignorant de nos matelots ou de nos soldats en un véritable héros, ils disent : « Pourvu que le commandant de la *Vénus* ne les ait pas rencontrés !... »

« Ah ! quels braves gens ! s'écrie le P. Lallemand en racontant ce trait superbe dans sa simplicité. Avec quelle émotion j'évoque leur mémoire, me sentant fier de ce que la terre de France ne se fatigue jamais d'enfanter des cœurs énergiques devant la mort et pour l'amour d'elle affrontant le trépas avec une vaillance si simple, si facile, comme si c'était une chose toute naturelle ! Mais ceux-là vivaient avec du Petit-Thouars ; ne les avait-il point façonnés à son image, et ne peut-on point redire avec raison le vieil adage : « Tels chefs, tels soldats ! »

Après avoir présidé aux obsèques des malheureuses victimes de Sakaï, le commandant du Petit-Thouars adressa à ses marins un ordre du jour admirable, où s'affirme, avec sa foi profonde, son amour passionné pour le devoir :

« EQUIPAGE DU *Dupleix*,

« Nous venons de conduire à leur dernière demeure onze de nos camarades, traîtreusement assassinés, sans que leurs bourreaux puissent invoquer un prétexte pour justifier leur crime.

« Aujourd'hui, mes amis, nous ne pouvons faire qu'une chose, prier Dieu pour le repos de leurs âmes...

« Adieu donc, braves gens du *Dupleix*, on se souviendra de vous et vous reposerez en paix parce que, quand Dieu vous a appelés, il vous a trouvés là où vous deviez être. »

CHAPITRE VII

———

Si le commandant n'eût écouté que son indignation et celle de son équipage, il aurait de suite
vengé les victimes de Sakaï. Mais son âme énergiquement trempée savait toujours rester maîtresse d'elle-même et dominer ses plus violentes
impressions. De promptes représailles eussent
entraîné la France dans une lointaine aventure et
la voie diplomatique parut préférable à du Petit-
Thouars pour obtenir une éclatante réparation.

D'accord avec le commandant en chef de la

station navale, du Petit-Thouars écrivit au Mikado pour se plaindre de l'inqualifiable agression dont ses marins venaient d'être les victimes ; le prévenant que s'il ne faisait immédiatement rechercher et punir les coupables, les canons du *Dupleix* bombarderaient toute la baie d'Osaka.

Le souverain du Japon était alors un tout jeune homme de dix-sept à dix-huit ans. Il fut tellement effrayé de cet ultimatum, rédigé cependant avec la plus parfaite courtoisie, qu'il envoya aussitôt un des plus grands seigneurs de sa cour pour apporter à l'énergique commandant du *Dupleix* des excuses solennelles et la promesse que les victimes seraient vengées d'une façon exemplaire et leurs familles largement indemnisées.

La justice est expéditive en Orient. En moins d'une semaine, vingt-deux Samouraï étaient arrêtés, jugés et condamnés à subir le *rara kiri,* c'est-à-dire à s'ouvrir le ventre avant de livrer leur tête au bourreau.

Suprême faveur aux yeux des Japonais : le supplice se transformant alors en une sorte de sacrifice, qui lui enlève tout caractère infamant.

Le 16 mars, huit jours après l'attentat, du Petit-Thouars descendait à Sakaï, avec vingt matelots du *Dupleix,* pour assister à l'exécution. Le prince Satzuma, entouré d'une nombreuse escorte, l'attendait sur le quai. Jamais semblable honneur n'avait été rendu à un étranger.

Le *rara kiri* doit avoir lieu dans une pagode située en dehors de la ville.

Pour s'y rendre, il faut traverser des rues étroites, tortueuses, à l'aspect sinistre. Si braves que soient nos marins, une inexprimable angoisse leur serre le cœur. Ils songent à leurs camarades si traîtreusement assassinés, et, malgré eux, ils se disent qu'un semblable sort les attend peut-être. Qui sait si, au détour de ces sombres ruelles, une bande de Samouraï ne va pas venir se jeter au milieu des soldats japonais qui les entourent?... Perdus dans le dédale de cette ville inconnue, pas un d'eux n'échapperait au massacre.

A Dieu va ! dit le pêcheur breton quand il s'élance avec sa petite barque vers la haute mer. C'est aussi à Dieu que du Petit-Thouars confiait tout bas la vie de ses hommes et la sienne.

Le cortège sort enfin des faubourgs et la pagode apparaît toute étincelante d'or et de couleurs vives, découpant sur le ciel bleu ses fines arêtes.

Dans l'intérieur du temple, une estrade a été dressée pour le gouverneur d'Osaka et le commandant français. Les *Yahounines* s'accroupissent sur les marches, au pied desquelles se rangent silencieusement nos marins, l'arme au bras.

Alors commencent les apprêts de l'exécution. Ce n'est pas un supplice, c'est une cérémonie expiatoire, et chacune des victimes semble vouloir savourer son sacrifice.

Après avoir chanté une lente mélopée, le Samouraï, brandissant son sabre de combat, s'ouvre le ventre, puis, impassible, il tend la tête au bourreau. Que lui importe maintenant? Par sa blessure volontaire il vient d'ouvrir à son âme les portes de l'heureuse immortalité.

Et les têtes roulent les unes après les autres sur le sol, et les corps tombent avec un bruit sourd, et le sang qui couvre le pavé vient mouiller les pieds de nos matelots, qui ferment les yeux pour ne plus voir cet épouvantable spectacle.

Du Petit-Thouars, avec sa nature plus affinée, plus délicate, souffrait plus encore que ses hommes de cette barbare expiation; mais le sentiment de ce qu'il doit à l'honneur de la France, à la sécurité des chrétiens, lui fait dompter son émotion.

Onze fois, l'horrible sacrifice se renouvela. C'était le nombre des morts du *Dupleix*. Alors, se levant, le commandant, d'un geste impératif, arrête les apprêts d'une nouvelle immolation... Le Dieu qu'il sert est un Dieu de miséricorde et d'amour... — Assez ! assez ! dit-il, l'expiation est suffisante !

Et comme l'interprète le regarde stupéfait, que le gouverneur d'Osaka semble hésiter à accéder à ce cri de grâce, il ajoute d'une voix vibrante :

« — J'engage ma parole d'honneur que ma décision sera ratifiée par mon souverain », et, malgré l'incroyable résistance des Japonais, il donne l'ordre du départ.

Cet acte d'humanité, si en dehors des mœurs orientales, frappa vivement l'esprit du jeune Mikado ; il voulut voir ce soldat d'une autre race qui parlait en maître, imposant tour à tour l'expiation et le pardon, et, chose inouïe jusqu'alors dans les fastes japonaises, un messager impérial fut envoyé à bord du *Dupleix* inviter son commandant à se joindre au chef de la station navale, pour assister à l'audience accordée par l'Empereur à notre représentant.

Le 21 mars, le commandant du Petit-Thouars, en grand uniforme, rejoignait à bord de la *Vénus* le commandant Roy et notre consul, M. Roche. Des embarcations japonaises toutes pavoisées vinrent les prendre pour les descendre dans le port d'Osaka, ainsi que quelques autres officiers.

Un détachement de quarante marins, commandé par un lieutenant de vaisseau, servait d'escorte.

C'était, dit l'enseigne Paris, un bien mesquin cortège à côté de celui des grands seigneurs japonais les Daïmios, qui voyagent au milieu de véritables armées.

Les Français passèrent la nuit à la concession européenne. Le lendemain, les joyeuses sonneries de la diane les réveillaient à l'aube ; il fallait se hâter, car la distance est longue entre Osaka et Kioto.

Un grand bateau aux tentures rouges et bleues attendait les officiers, un autre couvert de nattes était réservé aux matelots. Les deux embarcations remontèrent lentement le fleuve, qui coule au milieu d'un paysage enchanteur.

Après treize heures de traversée, on atteignit Fuchini, un faubourg de Kioto.

Le prince Satzuma, qui avait réclamé l'honneur de recevoir les Français, était sur la rive, pour les conduire dans son palais, où un festin pantagruélique, tel qu'en évoquent les imaginations des marins dans leurs récits du soir, attendait les voyageurs.

Dans la nuit, le ciel, moins hospitalier que les Japonais, se couvrit de nuages, et le lendemain matin l'expédition se remit en marche sous une pluie battante. Des chevaux superbement harnachés à la mode du pays sont amenés aux officiers ;

quant aux matelots, ils suivront à pied les charrettes des bagages, que des bœufs traînent paisiblement, comme dans nos vieilles provinces de France.

Arrivé au palais du Mikado, le cortège s'arrêta. Les commandants et le consul allaient seuls en franchir le seuil.

Du Petit-Thouars a raconté, dans une note publiée par la *Revue maritime,* cette curieuse réception. Après les avoir fait attendre très longtemps, dans une immense salle remplie de guéridons de laque, sur lesquels se succèdent des pipes et du tabac, du thé et des gâteaux, les grands seigneurs japonais se décident à les conduire près du Mikado.

On se met en marche en grand cérémonial, et, après avoir traversé d'interminables galeries, on arrive à une porte devant laquelle se tiennent six Yakounines accroupis. Ils se lèvent silencieusement ; la porte s'ouvre sur une immense cour, « un son étrange se fait entendre, semblable au sifflement d'une balle qui ricoche, à la plainte du vent à travers les fentes d'une porte. Des coups secs, saccadés, l'interrompent de temps en temps. Alors l'introducteur s'arrête ; puis, quand reprend cette sorte de harpe éolienne, le cortège se remet en marche au milieu d'un silence lugubre, troublé seulement par ce bruit sinistre et le toc-toc des grands sabots des soldats japonais qu'ils traînent sur le sable. »

Enfin, à l'extrémité de cette vaste cour apparaît une sorte de temple ; un grand perron le surélève du sol. A la dernière marche l'introducteur s'arrête, et, après s'être prosterné à la japonaise, il conduit les Français à l'entrée de la pagode.

L'ensemble est saisissant.

Le jeune empereur est assis sur une grande chaise gothique. Il est vêtu de satin blanc ; de grandes bandes de couleur écarlate lui enveloppent les jambes. Un petit bonnet noir lui couvre la tête ; ses dents sont peintes en noir, et de grands traits noirs remplacent les sourcils rasés.

Devant lui se tiennent son oncle, le ministre d'Etat, et un autre Konghès, tous deux également vêtus de blanc. Ces silhouettes claires s'enlèvent sur le fond sombre des vêtements des Daïmios qui se tiennent de chaque côté du trône, au pied duquel sont accroupis, immobiles comme des statues de bronze, quatre grands officiers de la Couronne.

Un splendide tapis de soie est étendu en face du Mikado, sous les pieds des représentants de la France.

Après avoir reçu leurs saluts, le jeune souverain se leva pour entendre le discours prononcé par notre consul, discours que traduisit aussitôt l'interprète prosterné sur le sol. Le Mikado dit alors quelques mots à son oncle, qui les transmit à l'interprète; les paroles impériales ne pouvant s'adresser directement à un aussi infime personnage.

Le prince demandait que les officiers français lui fussent nommés, car il voulait exprimer au commandant du Petit-Thouars l'admiration que lui inspirait sa générosité chevaleresque.

Après de nouvelles inclinations, les Français furent ramenés avec le même cérémonial jusqu'à la grande salle aux innombrables guéridons de laque; ils y retrouvèrent, empressés à les féliciter, tous ces grands seigneurs qu'ils venaient de voir si fièrement impassibles aux côtés de l'Empereur.

D'interminables compliments prolongèrent cette réception, et il était fort tard lorsque nos compatriotes rentrèrent au palais de Satzuma.

En y arrivant, ils eurent l'explication de leur longue attente dans les salons du Mikado. Le ministre d'Angleterre, qui aurait dû partager avec eux la faveur de l'audience impériale, avait été assailli le matin, sur la route de Kioto, par une bande de Samouraï, et, après une lutte assez meurtrière dans laquelle presque tous les hommes de son escorte avaient été plus ou moins grièvement blessés, il lui avait fallu rebrousser chemin.

A cette triste nouvelle et malgré l'heure avancée, du Petit-Thouars voulut se rendre aussitôt à la résidence anglaise avec son médecin, pour aider à soigner les victimes des Samouraï et porter à sir Henry Parkes un témoignage de sympathie.

L'ardente charité du pieux commandant du *Dupleix* aurait suffi pour lui inspirer cette démarche. Mais il connaissait particulièrement le ministre d'Angleterre, dont il avait reçu la visite quelques jours auparavant. La fière et prudente attitude de du Petit-Thouars, au lendemain de l'attentat de Sakaï, avait excité à un si haut point l'admiration du diplomate anglais qu'il avait voulu venir à son bord la lui exprimer de vive voix.

« En résistant à l'entraînement auquel vous ne deviez être que trop porté, lui disait-il, vous avez fait faire un pas immense à la civilisation dans ce pays. Comme représentant de la nation britannique, je vous remercie en mon nom, et au nom du pays que je représente, du courage que vous avez montré dans des circonstances si cruelles pour vous... »

Le lendemain de l'audience accordée par le Mikado aux commandants Roy et du Petit-Thouars, le prince Satzuma offrit à ses hôtes un splendide dîner à la japonaise.

Onze services de quatre plats chacun défilèrent lentement devant les malheureux Européens. « Malgré cette profusion, racontera le lieutenant Paris, un des privilégiés de ce triste festin, le lard classique et les fayots (1) aux charançons, qui forment l'ordinaire inévitable d'un poste d'aspirant au cinquantième jour de mer, nous auraient semblé délicieux auprès de cette affreuse cuisine. »

La plupart des grands seigneurs de la Cour avaient été invités à ce somptueux festin, ainsi que le Comte de Montblanc, un français établi à Kioto depuis déjà plusieurs années.

Venu au Japon pour y chercher fortune et sans aucune attache officielle, M. de Montblanc avait su se créer une très haute situation près des Daïmios. Cette situation, il la mit au service de la France avec un absolu dévouement, et son influence avait largement contribué à l'accueil enthousiaste fait à nos marins par la haute aristocratie japonaise.

(1) Haricots.

Après le dîner, les Daïmios demandèrent au commandant Roy la faveur de voir manœuvrer le détachement de matelots, dont ils admiraient la belle tenue. Ils furent tellement émerveillés par la précision, l'ensemble des mouvements de nos braves marins, que ceux-ci durent recommencer le lendemain devant de nouveaux spectateurs.

Mais le véritable héros de la fête était le commandant du Petit-Thouars. Comme l'a si bien dit le P. Lallemand, son énergie et sa clémence dans l'affaire de Sakaï avaient séduit les Japonais, qui ont une très haute idée de l'honneur et un sentiment inné de la générosité. « La responsabilité qu'avait assumée du Petit-Thouars en arrêtant le cours d'une réparation sanglante, au lieu de peser lourdement sur lui, devint à leurs yeux un mérite ; il se révélait comme un homme assez fort pour obtenir d'eux ce qui était dû à la France insultée, et assez modéré pour savoir s'arrêter dans un triomphe où tant de vies humaines étaient intéressées (1). »

On savait aussi à la cour du Mikado, grâce peut-être aux patriotiques récits du Comte de Montblanc, la belle conduite du vaillant marin

---

(1) P. Lallemand, Discours prononcé à Juilly le 29 juillet 1890.

pendant le siège de Sébastopol, et le vieux général, vainqueur du Taïcoun, ne se lassait pas de faire raconter à l'ancien officier d'ordonnance de l'amiral Rigault de Genouilly les péripéties de cette rude campagne.

Malgré les instances du prince Satzuma, qui aurait voulu les retenir, les Français quittèrent Kioto le 27 mars, sous la garde d'une imposante escorte fournie par les Daïmios.

Comme au temps de notre France féodale, les grands seigneurs japonais ont leurs hommes d'armes, et chaque détachement marchait précédé du pavillon de son maître. La bannière à croix blanche du prince Satzuma valait à elle seule, disait-on, plus que deux cents hommes armés.

Les Samouraï, intimidés par ce déploiement de forces, ne parurent pas à l'horizon et la mission arriva sans encombre à Osaka.

La *Vénus* reprit la mer presque aussitôt ; mais le *Dupleix* resta mouillé en rade pendant plusieurs semaines. Notre agent diplomatique venait de se faire appeler aux Tuileries pour se donner aux yeux de l'Empereur le mérite d'un succès auquel il était absolument étranger, et pendant son absence du Petit-Thouars devait représenter officiellement la France au Japon.

Sa tâche était facilitée par M. de Montblanc,

au dévouement duquel il ne se lasse pas de rendre un éclatant hommage.

« Nous avons, de par M. de Montblanc et par l'attitude que nous avons prise dans ces derniers événements, une situation magnifique, écrit le commandant à l'amiral Olry... elle doit nous mettre à même de diriger le mouvement qui s'opère par l'intermédiaire de M. de Montblanc et, qui sait ! à introduire peut-être dans un avenir plus rapproché que nous ne l'avons espéré jusqu'ici nos missionnaires au cœur même du pays... »

L'officier avait une âme d'apôtre, et, dans sa pensée, l'œuvre française, pour être durable, devait être aussi l'œuvre de Dieu.

Les intérêts de la Patrie et ceux du Catholicisme ne pouvaient être en de meilleures mains. Avec son esprit profondément observateur, du Petit-Thouars avait très vite compris le caractère de la nation japonaise, ses mœurs et l'attitude à prendre vis-à-vis du Mikado et de sa Cour.

« Mon rôle, disait-il, doit être de conserver les meilleures relations avec les membres du nouveau gouvernement, de tâcher de bien faire connaître le nom français, de bien séparer l'action de la France de celle des autres gouvernements, tout en montrant les bonnes relations que j'ai avec leurs représentants... Comme au Moyen Age, c'est par l'entourage qu'il faut arriver au maître, lequel n'est que le chef de ses barons ; il faut donc rencontrer ces gens-là, les voir, leur faire comprendre ce que sont et ce que veulent les Européens ici. »

Pour arriver à son but, du Petit-Thouars se montrait extrêmement hospitalier pour les grands seigneurs japonais, et, lorsque le Mikado vint à Osaka dans le courant d'avril, il lui fit rendre par le *Dupleix* les mêmes honneurs qu'à un souverain d'Europe, ce qui flatta extrêmement le jeune empereur et son entourage.

Du Petit-Thouars mit à profit ses bonnes dispositions pour mener à bien plusieurs importantes négociations relatives à nos intérêts commerciaux et à la sauvegarde de nos missionnaires.

Une note du contre-amiral Ohier en date du 26 août 1868 rend pleine justice aux mérites du commandant du *Dupleix* : « Un de nos meilleurs capitaines, marin, homme de grand cœur, supérieurement intelligent, très instruit ; il a sur ses hommes un empire énorme. A bord de son bâtiment où la discipline la plus sévère est maintenue, il est aimé de tous. Aussi règne-t-il sur le *Dupleix* le meilleur esprit d'honnêteté et de patriotisme. Par sa brillante éducation, ses nobles sentiments, le charme de sa personne, ce jeune officier acquiert partout où il va et sur tous une grande influence. Dans les événements du Japon, sa supériorité l'a fait immédiatement remarquer, et *sa conduite le fait désigner comme un homme supérieur.* En l'absence du ministre de France, M. Bergasse du Petit-Thouars a été chargé des affaires diplomatiques près du gouvernement d'Osaka et il s'est acquis dans cette circonstance l'estime de tous. »

Ce que ne disait pas l'amiral Ohier, c'étaient la profonde gratitude, l'affectueuse admiration qu'inspirait aux missionnaires le pieux commandant du *Dupleix.*

Pendant son séjour en rade d'Osaka, il allait souvent s'agenouiller dans leur humble et pauvre chapelle pour y recevoir le Pain des forts, les édifiant par son recueillement et sa foi. Le respect, la sympathie qu'il témoignait hautement au vénérable évêque, Mgr Petit-Jean, était un véritable apostolat, car elle donnait à cet intrépide soldat du Christ et à ses vaillants collaborateurs un grand prestige aux yeux des indigènes.

L'arrivée de M. Outrey, le successeur de M. Roche, mit fin à la mission diplomatique de du Petit-Thouars, et, le 13 septembre 1868, le

Dupleix quittait Osaka, pour remonter vers le
Nord surveiller les agissements des Russes du
côté de Yesso et reprendre, à travers les Kourilles
japonaises et le détroit de La Pérouse, les travaux
hydrographiques si brusquement interrompus
par le drame de Sakaï.

Du Petit-Thouars avait, comme Sonis, la science
du devoir d'état, parce qu'il voyait comme lui
dans son accomplissement le service du Dieu
qu'il aimait de toutes les forces vives de son
âme. Quelques lignes, écrites au début de cette
nouvelle expédition, nous révéleront la touchante simplicité avec laquelle l'énergique marin, docile au précepte évangélique, cherchait
d'abord et avant tout la volonté de son Souverain
Maître.

« Me voici encore lancé sur la grande mer, au
milieu des dangers, des hasards ; sentant ma faiblesse, mon incapacité du fond du cœur. J'adresse
ma prière, mon cri de détresse au Dieu tout-
puissant, le suppliant de m'aider, de me diriger.
Tout est difficile sans lui ; tout est aisé avec lui.
Tout est préoccupation quand on songe à sa personnalité ; tout est simple quand on s'en remet
à la volonté divine. La question est de savoir si
l'on fait ce que l'on doit. Dieu nous donnera le
reste... »

Le 14 octobre, le *Dupleix* arrivait au mouillage de Hokodasi. Son équipage, très fatigué par une longue et difficile navigation à travers les Kourilles japonaises, entrevoyait avec bonheur quelques jours de repos bien gagnés, lorsque soudain le commandant apprend qu'un navire anglais est en détresse dans ces dangereux parages. N'écoutant que la voix de la pitié, il repart aussitôt au secours des naufragés et les ramène sains et saufs à Yokohama.

Le commandant de la division anglaise dans les mers de Chine, le vice-amiral Keppel, écrivit à l'amiral Ohier, pour qu'il fût l'interprète de ses remercîments et de ses félicitations auprès du brave officier, dont le dévouement et l'habileté avaient arraché à la mort tout l'équipage du *Rattler*.

Une âme moins surélevée que celle de du Petit-Thouars aurait cédé à un sentiment de vanité bien naturel; lui, au contraire, reconnaît sa faiblesse, s'inclinant humblement sous la main divine qui l'a conduit à travers tous les périls.

« ... Me voici revenu, écrit dans son journal le commandant du *Dupleix*, ayant ramené l'équipage du *Rattler*, naufragé dans le détroit de La Pérouse, ayant accompli la mission qui m'avait été donnée, et mon premier devoir, au moment où

je retrouve le temps de prier, est d'adresser à
Dieu l'expression de ma profonde reconnaissance
pour la protection toute spéciale dont il m'a couvert... Que Dieu m'accorde de me souvenir de ma
faiblesse, de mon incapacité, de mon impuissance,
et qu'il daigne me protéger comme il l'a fait
jusqu'ici. Mais toutes ces grâces imposent des
obligations redoutables. Quand Dieu vous prend
par la main, c'est qu'il a des vues sur vous. Il
faut de jour ou de nuit être prêt à répondre à
son appel ; il faut être prêt à jeter de côté les
biens, les honneurs, la popularité pour le suivre
nu, misérable, humilié : c'est là la grande épreuve,
elle est redoutable. »

« Dans ces lignes, dit le P. Lallemand, se
trahit une peine réelle d'avoir été méconnu,
oublié ; de s'être vu confisquer le mérite de
labeurs et d'efforts qu'il accomplissait souvent
au prix de sa santé, mais du Petit-Thouars se
taisait. »

Il se taisait, parce que, dans la blessure faite
par la main humaine, il voyait et adorait la main
divine et que tout se résumait pour lui dans ces
mots : « *Souffrir parce que Dieu le veut !* »

CHAPITRE VIII

Aux Tuileries, et même au ministère, on n'avait qu'imparfaitement compris le rôle superbe de Bergasse du Petit-Thouars au Japon ; et les immenses services que son attitude si loyale et si fière avait rendus aux intérêts français en Extrême-Orient passèrent inaperçus.

Ses amis, ses camarades qui l'avaient vu à l'œuvre, révoltés de cette injustice, lui conseillaient d'éclairer le ministre et de rétablir les faits dans toute leur vérité ; mais il s'y refusa absolument... Qu'importaient à cette âme modelée sur celle du Christ son Maître, les récompenses humaines ?...

Ses ambitions étaient plus hautes... Dieu seul pouvait rémunérer le devoir si. généreusement accompli.

Le *Dupleix* resta dans les eaux japonaises jusqu'en juin 1869, puis il reprit la route de Saïgon.

Les deux années de commandement de du Petit-Thouars touchent à leur terme et le vaillant officier, épuisé par cette longue et laborieuse campagne, va rentrer en France, après avoir remis la direction de son cher navire au capitaine de frégate Lespès, celui-là même qui devait avoir l'insigne honneur de succéder à Courbet, dans les mers de Chine.

En envoyant au ministre la lettre du vice-amiral Keppel, si flatteuse pour du Petit-Thouars, l'amiral Ohier ajoutait : « A des officiers aussi remarquables, il faut des avancements exceptionnels », et il demandait qu'il fût immédiatement promu au grade de capitaine de vaisseau.

Cette demande ne fut pas écoutée ; et le petit-neveu du héros d'Aboukir ne reçut sa nomination que le 1er juin 1870, à la veille de la fatale campagne qui allait couvrir de ruines et de sang une partie de notre France !...

Aussitôt après l'inoubliable séance du 15 juillet, tandis que s'organisait en hâte la mobilisation de nos corps d'armée, on décidait au ministère de la marine qu'une flottille de canonnières démontables, commandée par le contre-amiral Excelmans, serait envoyée sur le Rhin pour protéger nos frontières, bombarder les rives allemandes et faciliter le débarquement de nos troupes.

Le 18 juillet, le sous-ingénieur de la marine, M. du Buit, arrivait à Strasbourg pour diriger le montage des canonnières ; le 2 août, du Petit-Thouars, choisi par l'amiral comme chef d'état-major de la flottille, venait l'y rejoindre avec l'ordre d'organiser le service.

L'idée de ces batteries démontables remontait à la guerre d'Italie ; et du Petit-Thouars, alors lieutenant de vaisseau, avait reçu le commandement d'une de ces canonnières dont on disait merveille. La prompte conclusion de la paix au lendemain de Solférino les rendit inutiles, et les expériences faites en 1866 ne semblaient pas justifier l'enthousiasme qu'elles inspiraient généralement.

Du Petit-Thouars arrivait à Strasbourg au moment où se livrait le combat de Sarrebrück, dont les journaux devaient faire une victoire... le premier pas sur la route triomphale de Paris à Berlin !

Après avoir visité en détails les travaux d'organisation pour le montage des canonnières, le chef

d'état-major de l'amiral Excelmans se rendit chez
le maréchal de Mac-Mahon, « afin de chercher à
me rendre compte, écrira-t-il plus tard, de la
mesure dans laquelle on pensait nous utiliser. »

Depuis la déclaration de guerre, le commandant
de notre premier corps d'armée avait installé son
quartier général à Strasbourg, dans l'ancien hôtel
du cardinal de Rohan. C'était de là que, renonçant
à sa première pensée de porter toutes ses forces
sur les crêtes des Vosges, le vainqueur de Magenta venait d'expédier au général Douay l'ordre fatal d'occuper Wissembourg. Après avoir
exprimé à du Petit-Thouars le regret que ses
canonnières ne fussent pas prêtes à occuper militairement le fleuve frontière, le Maréchal lui
demanda de hâter leur organisation, afin de
pouvoir au plus tôt essayer d'interrompre les
communications de l'ennemi.

Le lendemain, dans la soirée, les dépêches annonçaient la douloureuse nouvelle de la défaite
de Wissembourg (4 août).

« Cette défaite, qui honore nos soldats autant
qu'une victoire, a peut-être décidé du sort de
la guerre, son retentissement a produit une
véritable révolution dans les esprits. Les enva-
hisseurs, qui ne franchissaient nos frontières
qu'avec une sorte d'inquiétude vague, ont repris

confiance dans le nombre ; notre armée, au contraire, habituée aux victoires, s'est sentie tout à coup profondément blessée dans son orgueil. Elle a compris instinctivement que la bravoure du soldat ne suffisait plus, si elle n'était pas dirigée par le commandement supérieur (1). »

Le Maréchal, brave comme Turenne, n'en avait pas, hélas ! le génie, et, au lieu de rallier son corps d'armée vers les Vosges, il allait, suivant l'expression d'un des acteurs de cette néfaste campagne, « le laisser tomber dans le mortel guêpier de Fœschwiller. »

Le 5 août au matin, il ne reste plus à Strasbourg qu'un seul régiment des vaillantes divisions du 1er corps d'armée. Mac-Mahon et son état-major ont pris la route d'Haguenau, ne laissant pour défendre la vieille cité alsacienne qu'une poignée d'hommes sous les ordres d'un vieillard.

Au moment de la déclaration de guerre, le général Uhrich, malgré ses soixante-dix ans, avait demandé le commandement de la place de Strasbourg qu'on s'était empressé de lui accorder, car il avait dans l'armée la réputation d'un chef intelligent et énergique.

Après le départ du Maréchal, du Petit-Thouars

(1) Général Ambert, *Récits militaires :* l'Invasion.

vint le trouver, afin de s'entendre avec lui pour mettre en sûreté les munitions destinées aux canonnières.

Dans ses notes sur le siège de Strasbourg, le chef d'état-major de l'amiral Excelmans rend compte de sa première entrevue avec le général Uhrich.

« Il me questionna, dit-il, sur l'emplacement de nos cales, sur l'arrivage de notre matériel ; laissé sans garnison dans une immense place de guerre, il me fit pressentir qu'il lui serait très difficile de protéger militairement notre établissement et m'exprima ses craintes que ce gros matériel ne vînt à encombrer les voies ferrées à un moment où les affaires semblaient s'engager sérieusement. »

Du Petit-Thouars répondit qu'il était persuadé qu'en faisant occuper par les équipages des canonnières la redoute Ducrot, qui domine la jonction du canal de l'Ill au petit Rhin où étaient installés les chantiers, ses ouvriers et ses munitions seraient suffisamment protégés contre les incursions des rôdeurs.

L'amiral Excelmans, qui arriva le lendemain, fut de l'avis de son chef d'état-major, et les travaux continuèrent avec une fiévreuse activité.

Le 6 au matin, le bruit se répand en ville qu'un

grand combat vient d'être engagé du côté de Wœrth ; vers midi, de vagues rumeurs font croire à une éclatante revanche de la défaite de Wissembourg.

Un frémissement d'enthousiasme court dans la vieille cité. Tous les cœurs battent à l'unisson. Officiers et soldats, hommes, femmes et enfants, attendent anxieux la glorieuse nouvelle. Soudain, à trois heures, des bruits inquiétants commencent à circuler... Bientôt les routes se couvrent de paysans et de soldats qui courent affolés vers les remparts, criant que l'ennemi les suit.

Dans les rues, la générale retentit sinistrement. Des estafettes vont et viennent effarées. Au coucher du soleil pour la première fois les portes se ferment... ; des rôdeurs ont été vus dans le faubourg de la Robertsau, et l'on prétend que l'ennemi vient de franchir le Rhin non loin de là, à la Waseneau.

Une atroce angoisse fait place à l'enthousiasme du matin. Toute la nuit se passa dans une fébrile attente, chacun voulant espérer contre toute espérance.

Ces suprêmes illusions allaient être emportées avec la brume qui cachait encore l'horizon.

Dans l'aube claire, empourprée comme un jour

de triomphe, apparaissent de longues files de soldats. Pêle-mêle, cavaliers et fantassins se pressent aux portes, harassés, livides d'épouvante et de faim ; beaucoup sont blessés ; ils racontent les épisodes de la sanglante mêlée de la veille, dans laquelle 35.000 des nôtres ont lutté contre 145.000 Allemands.

Ce lugubre défilé dura tout le jour... « C'étaient des isolés de tous les régiments ; les uns cheminant accablés et taciturnes, les autres propageant les mauvaises nouvelles en les exagérant. La population, excitée, fiévreuse, se pressait autour d'eux et voyait des espions partout.

« Le soir, les choses prirent une tournure plus mauvaise encore ; le mot de « trahison » circulait, les grosses épaulettes étaient évidemment mal vues, et le sentiment de l'abandon complet dans lequel la ville se trouvait, peut-être les craintes qu'elle ne fût saccagée durant un effort impuissant pour la défendre, tout cela jetait dans l'air comme des éclairs de terreur, de haine et de découragement (1). »

Vers neuf heures, comme du Petit-Thouars, en quête de nouvelles, errait sur le Broglie, un des remparts de Strasbourg, dans l'espoir d'y

_____

(1) Notes de du Petit-Thouars.

retrouver son chef, un jeune homme s'approcha mystérieusement de lui, en disant :

— Il se passe quelque chose d'extraordinaire ; quelqu'un vient de me charger de vous engager, ainsi que l'amiral, à ne point passer cette nuit à la mairie, parce que vous y serez enlevés.

Cette pensée d'un complot intérieur ne parut admissible au chef d'état-major qu'à la condition d'être combinée avec une entrée des troupes allemandes. Il savait avec quelle rigueur les portes étaient gardées ; le seul moyen d'entrer dans la ville ne pouvait donc être que la voie du chemin de fer.

Le colonel des pontonniers, M. Fievée, se trouvait là ; le marin lui demande de l'accompagner, et tous deux se dirigent en hâte vers la gare, placée entre la porte de Saverne et la porte de Pierre.

En pénétrant dans les terrains de la gare, les deux officiers se trouvèrent sur un grand espace à peine éclairé « où débouchaient encore des colonnes de militaires, rentrant par les voies restées parfaitement libres.

« Ce que nos soldats faisaient, leurs vainqueurs ne pouvaient-ils le tenter ?

« Nous rentrâmes aussitôt, ajoute du Petit-Thouars, et l'amiral vint avec nous chez le général Uhrich qui se rendit à la gare. Il était évident qu'il fallait couper la voie au plus vite. »

Le colonel Fievée envoya immédiatement chercher des barils de poudre, et à trois heures, le pont du chemin de fer sautait, mettant la ville à l'abri d'un coup de main.

Il était temps.

Quelques heures plus tard, une avant-garde de cavalerie badoise, commandée par un jeune officier, qui, tout l'hiver précédent, avait fait les beaux jours des fêtes de Strasbourg, se présentait audacieusement à la porte de Pierre et sommait la place de se rendre.

Pendant cette douloureuse journée du 7 août, tandis que les vaincus de Frœschwiller arrivaient les uns après les autres, comme ces épaves d'un navire brisé par la tempête et que les vagues jettent pièce à pièce sur le rivage, l'amiral Excelmans fut informé, par la Compagnie du chemin de fer de l'Est, que le train emportant la première canonnière, le lieutenant de vaisseau Choppart et une escouade d'ouvriers était en marche sur Strasbourg.

A cette nouvelle, l'amiral et son chef d'état-major furent saisis d'une poignante inquiétude. La canonnière et son matériel formaient un train énorme, lourdement chargé ; il suffisait

SAINT-ARNAULD

d'un accident imprévu, d'une fausse manœuvre, pour encombrer la voie pendant des heures peut-être, et cette ligne de Paris à Strasbourg était la seule voie ferrée par laquelle le Maréchal pouvait recevoir des renforts !

A la guerre, les minutes sont précieuses ; courir le risque de retarder même de quelques instants l'arrivée de troupes fraîches à l'armée du Rhin, n'était-ce pas assumer la responsabilité de nouveaux désastres ?

L'amiral s'en effraya, et par dépêche donna l'ordre au lieutenant Choppart de faire rétrograder la canonnière, qu'il eût été d'ailleurs impossible de décharger dans les circonstances actuelles, et d'arriver au plus vite, avec son escouade de marins et d'ouvriers, les vivres, les petites armes et les munitions.

Pendant que le train allégé filait à toute vapeur vers Strasbourg, les mauvaises nouvelles s'y succédaient coup sur coup, écrasantes comme la foudre : la défaite de Forbach (1) malgré l'héroïsme de la division Laveaucoupet ; l'entrée des Allemands à Haguenau, enfin la retraite de l'armée du Rhin sur Châlons, abandonnant à leurs propres forces les places d'Alsace. L'investissement de Strasbourg était imminent et, désormais, l'or-

(1) 6 août 1870.

ganisation d'une flottille sur le Rhin devenait irréalisable.

A l'exemple de son divin Maître, du Petit-Thouars avait au cœur une immense charité pour les petits et les humbles. Saisi de compassion, à la pensée des périls qu'allaient courir inutilement dans la ville assiégée les ouvriers chargés du montage des canonnières, il proposa à l'amiral de profiter de ce que la voie vers l'Ouest était encore libre pour les faire partir.

L'amiral accéda tout d'abord à cette idée généreuse ; mais bientôt, se raccrochant à une suprême et vague espérance, il donna l'ordre au lieutenant de vaisseau Choppart de retourner chercher sa canonnière. Le jeune officier partit aussitôt ; mais l'effrayante rapidité avec laquelle l'Alsace fut envahie ne lui permit pas de remplir sa mission. Ne pouvant rentrer à Strasbourg, il ramena sa canonnière à Paris, où s'organisait la flottille primitivement destinée à l'armée du Rhin. Sous le commandement du capitaine de vaisseau Rieunier, les vaillants équipages des canonnières accomplirent sur la Seine et la Marne des prodiges d'héroïsme, supportant les rigueurs d'une température extraordinairement froide avec autant d'intrépidité qu'ils affrontaient la mitraille allemande !...

Tandis que pour obéir à l'ordre donné par l'amiral, le lieutenant de vaisseau Choppart s'éloignait en toute hâte de Strasbourg, le chef d'état-major avait le douloureux devoir de contremander le départ des ouvriers chargés du montage des canonnières.

« Quand j'arrivai à la gare, racontera du Petit-Thouars, tous étaient placés dans un train immense, où s'entassait une foule affolée. Je transmis l'ordre, et tristement, mais sans le moindre murmure, tous ces braves gens, la plupart pères de famille, qu'aucun engagement ne liait à l'Etat, rentrèrent silencieusement dans cette ville où les attendaient de si émouvantes péripéties et où deux d'entre eux ont trouvé la mort.

« Ce fut le dernier train qui sortit de Strasbourg. »

Des rôdeurs bavarois étaient déjà à la Robertsau, paralysant l'organisation de la défense.

Du Petit-Thouars a tracé de cette organisation sous l'étreinte allemande, qui chaque jour se resserrait davantage, une peinture saisissante.

L'amiral Excelmans s'était empressé de se mettre lui et son personnel sous les ordres du général commandant la place ; mais le vieux divisionnaire, troublé par les questions de hiérarchie, ne savait trop quel rôle assigner à l'amiral et à son chef d'état-major, et il fallut pour vaincre ses hésitations les patriotiques instances des deux marins.

« —Nous sommes militaires nous-mêmes, répondait du Petit-Thouars aux objections du général Uhrich ; envoyés à Strasbourg pour combattre avec l'armée, nous ne pouvons avoir qu'une pensée, celle de partager toutes ses chances, et il me semble que le nom que porte l'amiral est de ceux qui doivent lui assurer un accueil sympathique dans les rangs de l'armée. »

Emu par ces nobles paroles, le commandant de Strasbourg chargea l'amiral de la défense des fronts Nord, un des points les plus importants et les plus menacés, car on avait négligé d'exécuter les règlements militaires, et partout l'on était entouré de maisons de campagne, de haies, de jardins, de palissades, qui permettaient d'arriver à couvert sur les glacis et jusqu'à la porte des Pêcheurs.

Pour empêcher les Allemands de se glisser à l'improviste presque jusque dans la place, il n'y avait d'autre moyen que d'occuper au plus vite le fort du Contades et de chercher à s'y maintenir.

« Mais la solution de ce problème se compliquait d'abord du petit nombre d'hommes placés sous les ordres de l'amiral, à peine 2.000, dont la plupart n'étaient que des recrues ou des isolés sur lesquels on ne pouvait compter au premier moment, enfin, et surtout, de la difficulté de percer des éclaircies dans ce fouillis d'arbres et de houblonnières (1). »

L'exemple de quarante-trois marins sous les ordres d'un état-major admirable allait faire accomplir des miracles d'entrain, de courage, aussi bien aux malheureux soldats démoralisés par la défaite de Frœschwiller qu'aux pauvres recrues qui ne savaient encore comment tenir un fusil.

Pour s'établir au Contades, il fallut abattre les arbres, brûler les maisons qui l'entouraient. On mettait en avant quelques tirailleurs et, pendant que la fusillade s'engageait avec les avant-postes prussiens, les matelots, secondés par de nombreuses corvées, accomplissaient l'œuvre de destruction.

« Ce fut un spectacle navrant, écrit du Petit-Thouars ; beaucoup de ces jardins, de ces maisons, appartenaient à des personnes aisées, mais il y en avait qui étaient le seul patrimoine de gens laborieux, et tout d'un coup, au moment où les fruits étaient mûrs, le houblon prêt à être cueilli, ils voyaient s'avancer des Français, des

(1) Notes de du Petit-Thouars.

compatriotes, pour tout ravager, tout détruire, tout incendier, et du bien-être, du confort, ils passaient ainsi en quelques heures à la misère noire ! — Si l'on eût trouvé une résistance en eux, on l'aurait presque préféré ; mais non, tous ces gens-là n'avaient pas une parole amère à la bouche, et ils remerciaient encore quand nos hommes, qui répugnaient à faire cette besogne, les aidaient à sauver quelques bribes de leur mobilier. »

Le 13 août, les premiers coups de canon se font entendre. Des obus lancés de l'autre côté du Rhin viennent éclater dans les rues de Strasbourg, semant l'épouvante et la mort parmi les habitants.

Les Allemands inauguraient l'atroce et froide tactique, qui devait leur ouvrir les unes après les autres les portes de nos forteresses.

Cet acte inqualifiable, inouï dans les fastes de la guerre, d'une ville bombardée sans avis préalable, indigna le général Moreno, le commandant de la citadelle, et il y répondit en incendiant Kehl.

Le général de Werder, qui refusait de laisser sortir de Strasbourg les femmes et les enfants, osa joindre ses plaintes à celles des journalistes d'outre-Rhin et du grand-duc de Bade « au sujet de la barbarie de ces Français, qui brûlaient sans raison une ville ouverte ! »

Dans l'espoir de briser le cercle de fer qui maintenant entourait la vieille cité alsacienne, le général Uhrich fit tenter quelques sorties.

« L'une coûta la vie au brave colonel Fievée, et toutes montrèrent à quel point les renforts que nous amenait la défaite de Frœschwiller étaient restés impressionnables en face de l'ennemi. On dut y renoncer, de peur de voir une colonne allemande entrer dans la ville avec nos soldats débandés. »

Dans la nuit du 15, de nouveaux obus vinrent tomber dans les rues de Strasbourg, puis le silence se fit, troublé seulement par la fusillade des avant-postes.

Le 18, de vagues rumeurs annonçaient la reprise du bombardement pour le soir.

Du Petit-Thouars était au Contades avec ses marins. C'est lui qui va nous raconter cette nuit terrible.

« ... Nous attendions, l'œil ouvert sur ces immenses masses de verdure qui nous entouraient, pensant plutôt à quelque attaque de vive force qu'à un bombardement, quand tout à coup l'horizon s'illumina et une grêle de projectiles passant par-dessus nos têtes alla s'abattre sur la ville. Il en pleuvait de tous côtés, et la distance des batteries était telle qu'on ne voyait que la lueur du coup et qu'il fallut prendre une montre à secondes pour se rendre compte qu'elles étaient à environ 3.000 mètres !

« Au silence qui régnait succéda alors une immense rumeur, venant de la ville plongée encore dans l'obscurité, puis des lueurs parurent, puis des flammes s'élevèrent de tous côtés, puis, reflétant ces teintes fantastiques, la flèche de la cathédrale commença à flamboyer, et au-dessus du fracas de l'artillerie, du crépitement de l'incendie, des voix qui s'appelaient, on entendit la note aiguë des cris d'enfants dominant tout le reste.

« Ce fut un spectacle horrible !

« Nous étions là ne pouvant rien, car nous sentions que tirer au jugé, à la lueur des coups, à une distance incertaine, c'était brûler des munitions inutilement. D'un autre côté, il fallait être prêt à tout, puisque ce pouvait n'être qu'une feinte destinée à attirer l'attention sur la ville, tandis que les Allemands auraient tenté quelque part un coup de main sérieux. Mais quand de tous les côtés les incendies furent allumés, le tir, s'abaissant, nous couvrit en un instant d'une grêle de projectiles, comme pour nous montrer qu'on pensait aussi à nous. Je dois le dire, ce nous fut un soulagement !

« Telle a été la première nuit du bombardement, et bien d'autres lui ont ressemblé jusqu'au
jour où, comprenant que l'intimidation ne pouvait suffire, le général de Werder se décida à
commencer les travaux du siège. »

CHAPITRE IX

Strasbourg n'était plus qu'une ruine fumante. La Bibliothèque avec ses trésors incomparables, le Musée avec ses richesses artistiques, le célèbre temple protestant connu sous le nom de Temple Neuf, une merveille de l'art catholique du treizième siècle, disparurent dans les incendies allumés par les nouveaux Vandales.

On ne comptait plus les victimes ensevelies sous les décombres.

Navré des souffrances de son peuple, le vénérable évêque, Mgr Raess, voulut faire une suprême tentative auprès du général de Werder, dans l'espoir d'obtenir de lui, sinon d'épargner la malheureuse cité, au moins d'en laisser sortir les femmes et les enfants.

Le chef allemand, plus rude que les barbares du Moyen Age, refusa de recevoir le vieux pontife et lui fit répondre par un aide de camp, que la présence des femmes et des enfants à Strasbourg servait à jeter le découragement parmi ses défenseurs, et que non seulement il ne les laisserait pas sortir, mais que ce qu'on avait vu jusque-là n'était rien.

— Le général Uhrich peut faire constater par qui il voudra, ajouta froidement l'officier, que nous disposons de 63.000 hommes et de 700 pièces de canon.

— Eh bien, Monsieur, attaquez-vous aux remparts, livrez l'assaut, s'écria le prélat indigné, c'est tout ce qu'on vous demande.

— Oh ! nous pourrions certainement prendre la ville de vive force, car nous savons que vous n'avez pas de garnison, mais Son Excellence veut épargner le sang de ses soldats.

Mgr Raess, consterné, rentra dans la ville en disant : « Je ne suis pas saint Léon, mais j'ai trouvé pis qu'Attila ! »

Pendant qu'il était dans le camp ennemi, les artilleurs allemands, protégés par le pavillon parlementaire, s'étaient hâtés de construire la batterie qui, le soir même, devait détruire un des hôpitaux et lancer ses projectiles incendiaires sur la cathédrale.

« Rien, dit un témoin oculaire, ne peut rendre le spectacle de l'embrasement de la cathédrale. Les tours et la grande flèche, éclairées ou voilées par des nuages de fumée, prenaient des proportions et des formes fantastiques. Un moment, le brasier s'éleva jusqu'au faîte de la flèche. Les flammes gagnèrent les cuivres de la toiture et prirent des teintes bleues ou vertes qui éclairaient la ville des lueurs d'un immense feu de Bengale. Aucun secours n'était possible, les pompes n'atteignaient pas à cette hauteur et des torrents de plomb fondu découlaient des gargouilles. »

Mais plus haut que les flèches embrasées montaient les cœurs et les prières, et, miraculeusement, tout à coup, la destruction de la cathédrale s'arrêta.

Du Petit-Thouars, révolté par l'impitoyable tactique du général de Werder, se demande si les progrès de la science moderne nous conduiraient à ce point qu'il entrerait dans les droits de la guerre d'écraser à distance toute une population civile pour forcer la garnison d'une place forte à se rendre ?...

« Au degré où nous a fait descendre l'oubli des

principes les plus élémentaires de ce christianisme
qui a enfanté notre grande civilisation européenne,
je n'ose pressentir la réponse, écrit le vaillant marin, et, en attendant le jugement impartial de l'histoire, je ne souhaite au souverain qui, ceint déjà
des lauriers de la victoire, a laissé ses lieutenants
inaugurer cette ère nouvelle, d'autre châtiment
que d'entendre à son dernier jour, à sa dernière
heure, les cris des petits enfants de Strasbourg
expirant dans les flammes.

« ... Le général ennemi avait compté sur la
frayeur des femmes de Strasbourg pour lui ouvrir
un passage. Les femmes de Strasbourg ont ré-
pondu par le plus admirable exemple de patriotisme qu'ait enregistré l'histoire.

« Durant tout ce siège, sans que jamais la pluie
de fer et de feu qui tombait de toutes parts dans
les rues ne les arrêtât, on les a vues, intrépides et
tremblantes, se pressant dans les églises où elles
priaient le Dieu tout-puissant de les sauver par
un miracle, dans les hôpitaux où elles se multi-
pliaient auprès des malades et des blessés ; et
lorsque, revenant du Contades, je rentrais en ville
le matin, maintes fois j'en ai rencontré, la figure
pâle et défaite, les traits amaigris, frissonnant
de tous leurs membres à chaque détonation, qui
me disaient :

« — N'est-ce pas, Monsieur, qu'on ne se rendra pas (1) ? »

Mais que pouvaient l'héroïsme de pauvres femmes, la bravoure de quelques centaines d'hommes contre ce formidable corps d'armée qui entourait la ville?

Tout au plus retarder sa marche vers Metz et Paris.

Le 30 août, du Petit-Thouars, qui ne cessait d'examiner l'horizon, aperçut les premiers travaux d'approche de l'ennemi ; il se rendit de suite à Strasbourg pour en avertir l'amiral, afin que le Conseil de défense pût prendre ses mesures au plus tôt.

Mais le vieux général Uhrich, découragé par l'insuccès des sorties précédentes, hésitait à donner un ordre offensif ; il ne se décida à agir que le 1er septembre, dans l'après-midi, lorsqu'il vit les batteries allemandes dressées en face des remparts.

Le colonel Blot fut chargé de l'attaque des batteries du front ouest, tandis que du Petit-Thouars devait faire une vigoureuse diversion du côté du Contades.

En prenant possession du fort, le marin y avait

(1) Notes de du Petit Thouars.

établi la même organisation et la même discipline qu'à bord d'un navire de guerre. Admirablement secondé par le lieutenant de vaisseau Bauer, le commissaire de marine Fournier et M. Humann, un enseigne démissionnaire qui s'était empressé de reprendre du service sous ses ordres, le commandant avait en quelques jours transformé ses mobiles et ses conscrits en de véritables soldats. Quant aux isolés que la défaite de Frœschwiller avait démoralisés, ils avaient vite retrouvé leur énergie au contact des marins de l'escouade, et à la fin d'août tous ces éléments si divers formaient une troupe homogène, pleine d'entrain et de courage. Et cependant, depuis les premiers jours du bombardement, les malheureux n'avaient d'autres abris contre la mitraille que des espèces de trous creusés dans les remparts aux environs de la porte des Juifs !

Jusqu'ici, nous avons puisé dans les notes du commandant du Petit-Thouars l'émouvant récit du siège, celui de l'apostolique dévouement de Mgr Raess, de l'admirable énergie des dames de Strasbourg et de l'intrépide bravoure de ses défenseurs ; mais, s'oubliant toujours, en vrai disciple du Christ « *doux et humble de cœur* », le commandant indique à peine le grand rôle joué par lui dans cette mémorable sortie du 1er septembre, la blessure qu'il reçut pendant le bombardement et qui lui valut d'être cité à l'ordre du jour et proposé pour la croix de commandeur par le général Uhrich.

Comme l'a fait le P. Lallemand dans sa remarquable notice, nous laisserons à un des acteurs de cet inoubliable drame le soin de nous montrer dans toute sa grandeur l'indomptable et vigilant patriotisme de notre héros.

« Le soir du 1er septembre, dit M. Hamel, du Petit-Thouars apprend par ses éclaireurs, que les Allemands ont résolu de tenter une surprise du côté d'un des ponts en pierre jetés sur l'Ill.

« Un exprès qu'il envoie aussitôt au commandant de la place le général Uhrich revient lui annoncer que le général, fatigué, remet au lendemain toute opération militaire.

« C'est la nuit même cependant qu'il faut faire sauter ce pont ; demain il sera trop tard.

« Le commandant n'hésite pas ; il court au quartier général. L'officier de service lui objecte ses ordres ; il insiste et pénètre jusqu'au général, qui lui dit en maugréant :

« — Que diable, monsieur ! il sera temps de détruire ce pont demain ; j'y veillerai.

« — Mon général, c'est sur l'heure que j'ai besoin de cet ordre.

« Et comme le général, impatienté, le congédie :

« — J'obéis, général, lui dit du Petit-Thouars, mais la mort dans l'âme.

« Et, se redressant de toute sa haute taille, il ajoute :

« — Rappelez-vous que vous répondrez sur votre tête du salut de Strasbourg.

« Ce ton solennel en impose au général, qui finit par donner carte blanche à l'officier. Deux heures après, le pont était miné, et à l'aube il sautait, entraînant dans sa chute l'avant-garde d'une colonne ennemie. Ce fut le signal d'une lutte acharnée... »

Tandis que la veille encore les environs du Contades étaient dégagés, nos soldats se heurtèrent partout à des masses impénétrables. Ainsi que le redoutait du Petit-Thouars, le long intervalle imposé par le commandant de la place entre l'ordre de sortie et son exécution avait donné aux nombreux espions qui infestaient Strasbourg le temps de prévenir les Allemands du mouvement qui se préparait.

Le capitaine Perry, qui commandait le détachement du 87ᵉ, tomba « dans une véritable embuscade, et ne se tira d'affaire que par la vigueur avec laquelle il enleva son monde.

« Le colonel Blot, trouvant aussi les Allemands

sur leurs gardes, n'avait pu réussir. On était bien arrivé jusqu'à une batterie; mais on avait dû se retirer immédiatement, de peur d'être cerné, et deux de nos marins avaient été blessés mortellement. Dans leur élan, ils avaient précédé les soldats du 87e et ceux-ci, arrivant après eux dans la batterie, avaient percé l'un d'eux de coups de baïonnette, le prenant dans l'obscurité pour un Allemand, à cause de la couleur de son vêtement et de la forme de son béret.

« Ce jour-là, comme bien d'autres fois dans la campagne, des détachements allemands se voyant entourés levèrent la crosse en l'air, en criant en bon français : *Ne tirez pas !* et lorsque, trop confiants, on s'avança pour les désarmer, ils envoyèrent une décharge à bout portant.

« Nous qui avions passé par le bombardement, nous n'en fûmes pas surpris, et les blessés ou les prisonniers qui tombèrent dans nos mains n'en furent pas traités avec moins d'égards.

« Parmi ces derniers, nous prîmes au Contades un officier qui nous sembla plein d'arrogance. Il racontait que l'armée de Bazaine, battue dans une série de combats gigantesques, était enfermée dans Metz, que l'armée de Mac-Mahon était détruite, enfin que l'Empereur était prisonnier. Et il ajoutait que nous étions insensés de chercher à résister, alors que nous ne pouvions plus avoir aucun espoir d'être secourus. On prit quelques précautions pour l'isoler, sans attacher d'ailleurs la moindre importance à tous ces bruits.

« Les jours suivants on entendit beaucoup de chants, de hurrahs dans les camps ennemis, et les francs-tireurs, en rentrant de leurs sorties, rapportèrent chaque matin des articles de journaux trouvés cloués aux arbres de la Robertsau, dans lesquels tous les désastres de Sedan étaient racontés.

« Jusque-là, toutes les volontés s'étaient confondues dans la même pensée : se défendre. Les bruits du renversement de l'Empire, de l'avènement de la République, jetèrent dès lors une certaine effervescence dans la population civile ; et lorsque la nouvelle se répandit qu'une délégation suisse avait obtenu d'entrer en ville pour en faire sortir les femmes et les enfants, il y avait déjà bien des gens qui désiraient, avec un nouvel ordre de choses politique, pouvoir jouer un rôle nouveau sans se rendre compte peut-être qu'on ne délie pas un faisceau sans l'affaiblir, et que, dans les circonstances où nous nous trouvions, s'affaiblir c'était commettre un crime de lèse nation (1). »

---

(1) Notes de du Petit-Thouars sur le siège.

Ce siège si long, si barbare, impressionnait toute l'Europe, mais c'était surtout en Suisse que les souffrances des habitants de Strasbourg excitaient une grande commisération.

Le président de la Confédération Helvétique intervint en leur faveur et finit par obtenir du général de Werder, l'autorisation de laisser pénétrer dans la ville trois délégués des cantons, avec un certain nombre de sauf-conduits pour des femmes et des enfants auxquels on assurait un asile en Suisse.

Le 10 septembre, le maire, M. Humann, fut informé de la faveur accordée par l'impitoyable assiégeant, et le lendemain il venait, avec les membres du conseil municipal et les notables, attendre à la porte d'Austerlitz les charitables délégués.

« L'entrée des Suisses, écrira du Petit-Thouars, a marqué dans l'histoire du siège de Strasbourg.

« Le premier sentiment que chacun éprouva fut celui de l'espérance, et l'impression qu'ils laissèrent en partant fut celle d'un marasme profond.

« C'est que, pour subir les épreuves d'un siège sans faiblir, il faut se renfermer en soi-même, s'absorber dans une pensée unique, celle de la résistance ; ne rien discuter, ne rien voir des souffrances de ceux qui vous entourent ; vivre

dans le passé en songeant au prix de quels san-
glants sacrifices nos pères ont fait la grandeur du
pays ; vivre dans l'avenir, en songeant quelles
malédictions suivront ceux qui, appelés à l'honneur de défendre les frontières, auront hésité à
les couvrir de leurs corps !

« Or, qu'apportaient les Suisses ? — Des nouvelles ?

« Mais ces nouvelles si impatiemment atten-
dues, c'était la certitude de nos désastres, la
certitude de notre abandon, la certitude de notre
destruction complète si nous tenions jusqu'aux
dernières limites !

« La faculté de sortir pour les femmes et les
enfants ?...

« Quelle épreuve pour ces femmes qui jusque-là
avaient courageusement subi leur sort ! — Voilà
cette porte qui s'entr'ouvrait. Fallait-il aller rejoindre ceux qui n'avaient point été renfermés et
dont elles n'avaient plus reçu de nouvelles ! Fallait-il sauver leurs enfants en abandonnant leurs
frères, leurs pères, leurs maris ?

« Et ces hommes qui avaient gardé auprès
d'eux, sans arrière-pensée, tant d'êtres chéris,
voilà donc qu'il leur fallait aussi lutter contre
eux pour les forcer à s'éloigner (1) ! »

(1) Notes de du Petit-Thouars.

Le cruel Werder savait bien les conséquences de son apparente générosité. — Ce n'était qu'une manœuvre de guerre pour jeter le découragement et la discorde dans la malheureuse cité.

M. Humann, nommé par l'Empereur, avait cru devoir quitter la mairie après la proclamation du général Uhrich adhérant au gouvernement du 4 septembre. La nouvelle commission municipale, élue sous l'influence des événements dont on venait de recevoir la certitude, en hostilité ouverte avec les autorités militaires qu'elle voulait obliger à capituler, avait imposé au général Uhrich la nomination de M. Boerschel en remplacement du baron Pron, l'énergique préfet, qui depuis la guerre se multipliait avec un infatigable dévouement; enfin les maladroites instances des délégués suisses, pour ne mettre sur les listes des sauf-conduits que des personnes ayant des moyens d'existence, creusèrent tout d'un coup un fossé entre les riches et les pauvres, réveillant les égoïsmes et les haines, tandis que jusqu'ici tous les cœurs étaient unis dans une même communauté de souffrances et d'abnégation.

2.000 personnes environ sortirent de Strasbourg dans l'espace d'une semaine, puis les Suisses durent regagner la frontière. Le cercle, un instant entr'ouvert, va se refermer; désormais pas un rayon d'espérance ne viendra relever le courage des assiégés.

La présence de la délégation suisse n'avait amené d'autre trêve que celle du bombardement, et, loin de suspendre les travaux d'attaque, les allées et venues entre la ville et le quartier général avaient permis aux officiers du génie allemand de s'éclairer sur les approches de la place.

Depuis le 18 septembre l'attaque marchait vigoureusement. Tous les ouvrages de défense étaient écrasés les uns après les autres par une formidable artillerie, à laquelle les assiégés ne pouvaient répondre que faiblement, car il leur fallait ménager les munitions.

« De plus, ajoute du Petit-Thouars, alors que nos pièces enfouies dans leurs embrasures, qu'un rien engorgeait, n'avaient qu'un champ de tir des plus restreints qui guidait le pointage de nos adversaires, les pièces prussiennes, établies sur des affûts bas, la bouche affleurant le parapet, pouvaient aisément tirer tout autour d'elles et offraient cet avantage que, se chargeant par la culasse, leurs servants ne paraissaient jamais à découvert.

« Chaque jour nos affûts étaient brisés, nos pièces renversées, et nous avions un grand nombre d'hommes mis hors de combat. Les nouveaux, moins lestes que leurs camarades à se jeter de côté au cri du veilleur, payèrent un plus large tribut, mais la bonne volonté était la même et le seul embarras qu'ils donnaient tous était de les empêcher d'attirer l'attention sur eux, ce qui ne servait qu'à les faire écraser inutilement. »

Du Petit-Thouars, en parlant des prodiges de dévouement et de bravoure accomplis par les soldats sous ses ordres, les attribue à l'exemple donné par MM. Humann et Bauer. « Ces braves jeunes gens, dit-il, s'étaient entièrement consacrés chacun à sa bordée, ne la quittant ni de jour ni de nuit, mangeant à la même gamelle que leurs hommes, et il s'était établi dans chaque groupe une solidarité que rien ne pouvait rompre. »

Fidèle à ses principes d'excessive modestie, du Petit-Thouars oublie d'ajouter que les entraînants exemples d'abnégation et d'héroïsme c'est lui qui les inspire. Il est l'âme de cette résistance désespérée, parce qu'il va droit au devoir, les yeux au ciel, comme le général de Sonis. Les mêmes sentiments de foi et d'espérance, le même amour de la Patrie font battre le cœur de ces deux héros d'un autre âge, et le capitaine de vaisseau pensait ce qu'écrivait le colonel de cavalerie au début de la guerre : « Demandons à Dieu la grâce de savoir mourir en chrétien, les armes à la main, les yeux

au ciel, la poitrine en face de l'ennemi, en criant :
Vive la France ! »

Du Petit-Thouars passait toutes les nuits au
Contades, dormant à peine, toujours en éveil ; le
matin il venait à Strasbourg faire son rapport à
l'amiral, prendre ses ordres, entendre la messe
et visiter les blessés ; puis il rentrait au fort pour
diriger le tir, mettant à profit la grande expérience
qu'il avait acquise à l'école de canonnage, payant
de sa personne avec une intrépidité qui électrisait
officiers et soldats.

Autour des marins s'étaient groupés de braves
jeunes gens de Strasbourg, formant deux compagnies de volontaires, sous le commandement de
MM. Liès Rodard et Geisen qui, chaque jour, tombant à l'improviste, refoulaient vigoureusement
les avant-gardes prussiennes.

« En même temps, écrit encore du Petit-Thouars,
nos hommes du 74e, du 78e et ceux du bataillon de
Monmigny avaient pris de l'aplomb, et quand je
parcourais nos lignes durant la nuit, je sentais
tout ce monde animé de confiance et de résolution.

« Les derniers jours furent rudes !

« Nos hommes, continuellement chassés de leurs
abris provisoires par les obus qui fouillaient toutes
les directions, ne savaient plus où se réfugier pour
trouver du repos et faire cuire les aliments ; les

communications étaient des plus difficiles, puisque les portes étaient successivement détruites, les ponts défoncés, de sorte que le service des approvisionnements devenait presque impossible ; enfin les ouvrages étaient écrasés sous une pluie de projectiles...

« Bien des tentatives furent faites de nuit pour nous enlever au Contades ; mais, grâce à Dieu, nous ne fûmes jamais surpris et les Allemands se retirèrent chaque fois sans avoir pu nous entamer, tandis que nous ne cessions de les inquiéter durant leurs travaux d'approche par notre mousqueterie et par le tir de mortiers légers et de batteries flottantes qui se déplaçaient continuellement. »

Dans ses notes sur le siège de Strasbourg, si palpitantes dans leur simplicité, du Petit-Thouars, en nous faisant assister jour par jour, heure par heure, à toutes les péripéties de cette lutte désespérée, veut mettre en lumière l'héroïsme de tous les défenseurs de la vieille cité.

« C'est un devoir pour moi, écrit-il, de redire ici que ces marins dont je rappelle les services n'étaient qu'une poignée, par conséquent que s'ils ont cherché à lutter de dévouement avec leurs camarades de l'armée, à ceux-ci est échu le rôle principal dans la défense de Strasbourg !

« Quelque jour, ceux qui ont eu l'honneur d'appartenir au magnifique régiment des pontonniers, de compter parmi ces quelques hommes du génie, dont le zèle semblait plus que doubler le nombre, qui ont mené au feu les héroïques petits soldats du 87ᵉ ainsi que nos vaillants mobiles de l'Alsace, qui se sont engagés dans les francs-tireurs, ceux-là diront, je l'espère, ce qu'ils ont fait ; mais en attendant que ces voix autorisées s'élèvent, c'est une satisfaction pour moi d'appeler l'attention sur ces valeureux serviteurs et de payer en même temps un tribut de respect à la mémoire des Fievée, des d'Huart, des Ducrot, des Cavalier Joly et de tant d'autres dont les cœurs ne battent plus !... »

Si du Petit-Thouars n'a pas assez d'éloges pour célébrer la bravoure de ses compagnons d'armes, le patriotisme des femmes et de la plus grande partie des habitants, son extrême charité le rend plus indulgent que le général Ambert pour la faiblesse du commandant de la place de Strasbourg en face d'hommes surexcités par la souffrance ou la politique (1).

Il jette un voile sur ces douloureuses défaillances, qu'il faut deviner à travers les lignes écrites à l'honneur de son chef...

_____

(1) Voir les Récits militaires ; l'*Invasion*, par le général Ambert.

« L'attitude de l'amiral Excelmans avait été si simplement résolue dès le premier moment qu'il n'avait pas tardé à produire de l'impression sur cette population qui le voyait passer à toute heure du jour et de la nuit, pour se rendre compte par lui-même et faire face au danger.

« ... Aussi, lorsqu'après l'arrivée des Suisses on sentit comme un affaissement parmi les gens qui ne raisonnaient peut-être pas, mais qui, eux, n'avaient qu'une pensée, ne pas se rendre (et je dois dire qu'il s'en trouvait beaucoup), y eut-il un mouvement, et, à la fois, de différents côtés, il nous revint qu'on voulait le mettre à la tête de la défense. »

« Je n'ai pas besoin d'ajouter qu'il mit immédiatement le général Uhrich en garde contre une sédition.

« Durant le mois de septembre, à plusieurs reprises, la question de la reddition fut posée ; une fois, entre autres, le général jugea convenable d'introduire dans le Conseil de défense une délégation de la Commission municipale pour représenter les souffrances de la population. Dans ces diverses circonstances, l'amiral se porta garant de l'attitude des troupes placées sous ses ordres, représenta vivement l'intérêt qu'il y avait au point de vue du salut du pays à retenir le plus longtemps possible l'armée du général de Werder avec sa formidable artillerie ; il est donc de ceux qui peuvent dire qu'ils ont tout fait pour garder l'Alsace à la France ! »

Du Petit-Thouars rend également hommage à deux membres du Conseil municipal qui, seuls, s'élevèrent contre la démarche qu'allaient faire leurs collègues auprès du général en chef pour en obtenir la capitulation. Tous les deux avaient leur famille dans Strasbourg, et quand M. Lipp protestait si courageusement, sa maison se trouvait sous le canon des Prussiens.

Dans son impartiale loyauté, le marin fait aussi l'éloge de l'ardent patriotisme du nouveau préfet, M. Valentin, l'ami de Gambetta, qui arriva à se jeter dans la place en courant les plus grands dangers.

« Mais, hélas !... il ne dépendait plus de personne de changer l'ensemble d'une situation qui s'aggravait sans cesse... L'œuvre de destruction des batteries de brèche marchait si régulièrement qu'il n'y avait plus d'illusions à se faire ! »

A l'aube du 27 septembre, le feu de l'artillerie allemande redouble d'intensité... L'ennemi veut en finir.

Bientôt les remparts s'écroulent sous la mitraille, et, à deux heures de l'après-midi, le colonel

Sabattier, directeur des fortifications, et le lieute-
nant-colonel Maritz, chef du génie, viennent avertir le général Uhrich que la brèche du bastion 11
est praticable et que l'assaut peut être donné le
soir même.

Le commandant en chef réunit aussitôt le
Conseil de défense, et celui-ci, reconnaissant
l'impossibilité d'une plus longue résistance,
décida à l'unanimité qu'il fallait entrer en négociations avec l'assiégeant.

CHAPITRE X

———

Depuis quarante jours, les Allemands entouraient la vieille cité alsacienne.

« Après avoir vu l'incendie de Schlestadt et de Brisach, dit le P. Lallemand, l'éminent professeur du collège de Juilly, par ce beau ciel de septembre d'un bleu si pur sous le ciel automnal caressant de ses rayons si doux nos montagnes aux grands sapins, nos plaines que doraient les houblonnières mûres, nous étions, malgré l'envahissement, heureux d'entendre gronder au loin le canon de Strasbourg. La France tenait encore là, là flottait son drapeau, la patrie nous parlait par cette voix intermittente. Nous nous orientions vers cette flèche aérienne que mutilaient les boulets ennemis, mais qui portait encore les couleurs nationales.

« La nuit, nos yeux ne se détachaient point de ces lueurs d'incendie, impuissants que nous étions à venger, même à secourir nos frères... Le trépas pleuvait au loin... nous pleurions... Mais toujours, à chaque aube radieuse, — car jamais, par une ironie amère des choses, il n'y avait eu tant de sourires dans notre firmament et une si profonde joie de vivre dans la nature, — le bruit du canon nous arrivait solennel, poignant... Dans le déluge qui nous inondait, ce coin de terre n'était pas encore submergé, îlot perdu dans un océan, dont les flots montaient toujours plus pressés et plus nombreux. Et nous nous redisions les noms de ceux qui le défendaient : Excelmans, Blot, Humann, Mallarmé, Fievée, du Petit-Thouars. »

Fortement contusionné dans la matinée du 27 septembre, le commandant avait dû rester à la mairie pour se faire soigner, au lieu de regagner le Contades. Son chef, l'amiral Excelmans, était auprès de lui. Tous deux écoutaient avec angoisse la furieuse canonnade... « A chaque instant les murailles étaient ébranlées par les projectiles dont les éclats tombaient avec un bruit sinistre sur le pavé de la cour. »

« Vers trois heures, écrit du Petit-Thouars à qui nous empruntons ce captivant récit, l'amiral fut appelé au quartier général. Nous nous regardâmes sans échanger une parole, car le même trait nous avait traversé le cœur.

« Peu d'instants après, il rentra.

« Strasbourg et l'Alsace étaient perdus pour la France !

« M. le général Uhrich avait exposé au Conseil la nécessité de capituler immédiatement pour éviter à la population civile déjà si éprouvée les chances peu douteuses d'un assaut, et l'amiral Excelmans s'était retiré en disant : qu'ayant offert son concours pour la défense, il n'avait plus rien à faire alors que le général jugeait qu'elle était arrivée à son terme !

« ... Peu à peu, il se fit un grand silence comme celui qui suit la mort d'un être qui nous est cher. C'est que c'était bien la mort qui s'abattait sur cette noble cité arrachée sanglante et palpitante encore de patriotisme des bras mutilés de la France !... Ah ! les spoliateurs de territoire, qu'ils soient maudits de Dieu, car il n'y pas de crime comparable à celui qui consiste à ravir à tout un peuple sa nationalité ! ! ! »

Dans la soirée, du Petit-Thouars, oubliant ses souffrances, se rendit au Contades pour y donner quelques ordres et préparer les marins à la douloureuse nouvelle de la capitulation.

« Quand les Prussiens, en voyant le drapeau blanc sur la cathédrale, avaient poussé des hurrahs, ils s'étaient précipités sur les banquettes, croyant à une attaque ; le bruit avait ensuite couru qu'il y avait un grand armistice pour toute la France. Mais la vérité... non, ils ne la soupçonnaient pas !

« Comme leurs camarades étaient tombés sur ce sol défoncé par les boulets, ils étaient prêts à tomber, et ils attendaient leur sort tranquillement... Mais la reddition de Strasbourg, quand ils vivaient encore ! oh ! non, cette idée-là, ils ne l'avaient pas !... »

Du Petit-Thouars s'assit un instant au milieu de ses marins, puis, suffoqué par l'émotion, il sortit sans avoir le courage de rien dire...

« Je passai la nuit, écrit-il, à mettre les papiers en ordre, à régulariser nos pièces administratives, et je décidai MM. du Buit et Fournier à rentrer en France en signant le revers (1), l'un pour ramener les ouvriers civils à Toulon, l'autre pour tâcher de sauver notre comptabilité.

« Vers les deux heures du matin, le digne colonel Ducasse, qui avait rempli les fonctions

(1) Engagement écrit de ne plus combattre contre les Allemands pendant la durée de la guerre.

de commandant de place durant le siège en nous donnant l'exemple de toutes les vertus militaires, rentra du quartier général allemand, où il avait été envoyé en parlementaire, et vint me raconter que lorsque le chef d'état-major du général de Werder était entré dans la tente, il avait dit : Reste-t-il encore des marins ? Quels braves gens ! »

Au matin du 28 septembre, la diane retentit vibrante sous le ciel clair, illuminé par un soleil radieux, comme si la nature voulait elle aussi fêter la victoire de l'Allemagne !... Les clairons sonnent, les tambours battent... Une dernière fois, ils réunissent les vaillants défenseurs de Strasbourg ; mais, hélas ! ce n'est pas pour les entraîner dans une lutte suprême !

Pâles, le visage contracté, officiers et soldats se groupent silencieusement, écoutant les sonneries allemandes qui se rapprochent et dont les notes stridentes leur brisent le cœur.

Etait-ce donc la peine d'affronter la mort pendant quarante-six jours, pour en arriver à l'indicible humiliation de défiler sans armes devant l'ennemi ?

Le général Uhrich, à bout de force et d'énergie, égaré sans doute par la douleur, s'est décidé à signer le revers pour rester en France, mais bien peu d'officiers ont suivi son exemple. Presque tous veulent continuer à partager les souffrances de leurs soldats.

A l'heure fixée pour le départ de l'ancien commandant en chef de Strasbourg, l'amiral Excelmans, qui l'avait loyalement assisté pendant le siège, eut la générosité de se placer près de lui pour le soutenir dans cette dernière épreuve. Du Petit-Thouars accompagnait son chef, « pensant, dit-il, ne m'en séparer que sur les glacis pour rejoindre notre petit détachement quand il défilerait.

« Mais le désordre était si grand que nos hommes se trouvaient dispersés et je restai en ville pour les grouper sous la conduite de MM. Humann et Bauer.

« Puis nous prîmes ensemble le chemin de l'exil !... »

C'est alors que commence pour du Petit-Thouars cette vie de dévouement et de sacrifice dans laquelle, dit l'amiral Humann, « nous le voyons grandir de tout le prestige que donne l'exercice de la charité rehaussée par la confraternité du malheur. »

Il a refusé de se séparer de ses humbles compagnons d'infortune ; à pied comme eux, il part pour Rastadt.

Sur la route s'échelonnent en longue colonne

les douze ou quinze mille hommes et une centaine d'officiers de la garnison de Strasbourg. Un double cordon de fantassins et de cavaliers prussiens, dont la brutalité ne tarda pas à s'exercer sur les traînards, entoure les malheureux vaincus.

« Nous marchâmes ainsi, raconte du Petit-Thouars, pendant deux longues journées, presque sans repos ni distribution de vivres, continuellement maltraités, et, malgré les conditions expresses de la capitulation, un grand nombre d'officiers se virent enlever leurs armes ; mais ceux qui ont fait cette route à pied ne peuvent le regretter, car ils ont pu encore protéger leurs hommes en intimidant de temps en temps les officiers et les soldats de l'escorte, et ils savent maintenant ce que c'est que d'être livrés sans défense aux mains des Allemands. »

Malgré son grade, du Petit-Thouars en fit la cruelle expérience.

Epuisé par les fatigues et les veilles du siège, souffrant encore de la contusion reçue le 27 septembre, il marchait avec peine ; n'en pouvant plus, il veut, pour reprendre haleine, s'adosser un instant à l'un des arbres qui bordent la route ; mais aussitôt un des soldats de l'escorte se jette sur lui et le frappe brutalement du plat de son sabre.

En voyant maltraiter le chef qu'ils aiment et vénèrent, les marins ont un cri de rage, et, oubliant qu'ils sont désarmés, se jettent sur l'insulteur.

Il fallut la parole énergique de du Petit-Thouars, toute son autorité, pour arrêter une révolte qui ne pouvait, hélas ! avoir d'autre dénouement pour les prisonniers que la mort ou une plus étroite captivité.

Le 30 septembre, le triste convoi entrait à Rastadt, l'une des plus anciennes et des plus fortes citadelles de l'Europe.

Il y a soixante-douze ans, le premier des Bonaparte venait en triomphateur dans l'antique forteresse pour dicter ses conditions à l'archiduc Charles, le frère de l'empereur d'Autriche. Aujourd'hui, les fils de ses compagnons de bataille y arrivent désarmés entre deux haies de soldats insolents et grossiers !

Ces hautes murailles qui vont servir de prison à une grande partie des défenseurs de Strasbourg sont toutes vibrantes encore des échos de la gloire française. Elles sont tombées au commencement du xve siècle, sous l'effort des milices alsaciennes. Elles ont vu, au lendemain de la miraculeuse victoire de Denain, les plénipotentiaires de Louis XIV imposer à l'empereur d'Allemagne la réalisation de la fière parole de leur maître à son petit-fils, Philippe d'Anjou : « Il n'y a plus de Pyrénées. » Elles ont tremblé sous la triomphante canonnade du général Moreau ; elles ont abrité Bonaparte, et le souvenir de toutes ces gloires, de tous ces triomphes, les fait paraître plus menaçantes et plus sinistres aux malheureux vaincus !

Pendant ces deux cruelles journées de marche, les prisonniers restèrent dans l'incertitude sur la résidence qui leur serait définitivement assignée, et cette incertitude était une véritable souffrance pour le commandant, qui redoutait beaucoup d'être séparé des officiers et des soldats avec lesquels il avait si énergiquement défendu le Contades.

Quelques lignes citées par le R. P. Lallemand font entrevoir cette inquiétude. « J'ai obtenu que la poignée de braves gens qui me restent serait internée à Rastadt, écrit du Petit-Thouars le 4 octobre 1870, et j'ai la promesse du général Waag, commandant de la place, que je serai laissé auprès d'eux. Nous ne nous quitterons donc pas jusqu'au jour où nous rentrerons ensemble.

« La route a été rude de toutes façons. Quelle dure chose que de retomber dans le calme après ces journées si remplies, et quelle épreuve de ne plus se sentir capable de faire quoi que ce soit pour son pays ! Que n'avons-nous pu faire ce que nous voulions tant ! »

Cri de douleur que répètent d'un bout à l'autre de l'Allemagne les lèvres pâlies de nos soldats désarmés ; mais, tandis que la plupart des vaincus plient sous le découragement et la désespérance, l'intrépide marin se redresse en face de l'épreuve.

Son âme chrétienne connaît le sublime reconfort du *Sursum corda*. Elle sait que si parfois les épées se brisent aux mains des vaillants, les cœurs surélevés par la foi et l'amour bravent toutes les forces humaines.

Pendant quatre mois, du Petit-Thouars mettra en œuvre toute son intelligence, toute son énergie, pour sauvegarder la dignité des prisonniers, ranimer leur courage défaillant, afin de conserver éclatant et pur l'honneur du nom français, cette dernière auréole de la patrie envahie et mutilée.

« Me trouvant à Rastadt l'officier du grade le plus élevé, dit-il dans son rapport au ministre, j'ai cru de mon devoir d'user de l'autorité que me donnait cette position pour chercher à conserver les liens de la hiérarchie militaire parmi les prisonniers. Secondé par l'appui moral de ceux qui avaient été mes compagnons d'armes, je suis parvenu à maintenir jusqu'au bout cette solidarité... »

Cette solidarité était si grande que, lorsque du Petit Thouars obtint l'autorisation de venir en aide aux soldats et aux malades, tous les officiers voulurent s'inscrire ; et pourtant les lieutenants et sous-lieutenants ne recevaient que quarante-cinq francs par mois !

« La plupart d'entre eux se trouvaient là, sans effets, sans bagages, sans ressources, car les envois d'argent n'arrivaient pas. Se suffire avec quarante-cinq francs, sous ce climat rigoureux, c'était la misère noire ! Il fallait, pour ne pas faire de dettes, se refuser jusqu'au café et au tabac, piétiner dans la neige avec des chaussures usées, et c'est avec un sentiment de véritable fierté que je rends ici ce témoignage à mes camarades de captivité que, durant ces six longs mois d'énervante inaction, l'attitude des officiers de Rastadt a été si digne qu'elle a commandé le respect de tous ceux qui nous entouraient. »

L'exemple que donnait le commandant du Petit-Thouars était pour beaucoup dans cette noble attitude. Dès le premier jour le capitaine de vaisseau s'était fait l'intermédiaire et le protecteur de ses compagnons d'infortune auprès du général Waag. Peu à peu, il prit sur le gouverneur de Rastadt un véritable ascendant et son intervention vint à bout d'aplanir bien des difficultés, d'adoucir bien des misères.

Après avoir subi de nombreux refus, du Petit Thouars obtint enfin l'autorisation non seulement de visiter les malades, mais aussi d'aller dans les casemates, où étaient enfermés les sous-officiers et les soldats, pour leur distribuer des effets, du savon et du tabac.

Ces distributions, autorisées d'abord avec une extrême difficulté, donnaient souvent lieu à de mauvais procédés de la part des sous-ordres... Mais le commandant, sans se laisser émouvoir, continuait impassible son œuvre de miséricorde.

« Avec de la patience et de la dignité, écrit-il, nous parvînmes à éviter des conflits, et je savais ainsi ce qui se passait dans cette masse de malheureux dispersés par petits groupes de tous côtés. J'en ai profité pour adresser à l'occasion certaines réclamations au gouverneur relatives au couchage et à la qualité des vivres. »

Au début de la captivité, chaque prisonnier avait un lit de camp, mais après la capitulation de Metz le nombre de nos soldats internés à Rastadt devint si considérable, que le lit de camp fut retiré à ceux qui logeaient dans les endroits planchéiés, et il y eut même un moment où beaucoup de ces malheureux n'eurent plus qu'une paillasse pourrie sur la terre glacée.

Indigné, du Petit-Thouars réclama avec tant d'énergie auprès du gouverneur qu'il obtint quelques améliorations.

Le commandant fut moins heureux au point de vue du régime alimentaire, et toutes ses instances se brisèrent contre l'inflexible décision du général Waag de n'accorder aucune boisson fermentée aux prisonniers ; ils en auraient cependant eu grand besoin pour supporter l'uniformité de leur triste cuisine. Condamnés à l'inaction, ils n'avaient plus ce robuste appétit que donne la vie active, et les grandes jattes de soupe, que leur distribuait trois fois par jour l'administration allemande, causaient à la plupart d'entre eux un insurmontable dégoût ; « l'anémie s'ensuivait et le moindre rhume les enlevait alors », ajoute le commandant du Petit-Thouars, dans le rapport qu'il envoya au ministre à son retour de la captivité.

L'intéressant ouvrage du chanoine Guers, les *Soldats français dans les prisons d'Allemagne,* complète ce lugubre tableau.

« Rastadt, dit le missionnaire apostolique, compte trois grands hôpitaux :

« 1° Le Kriegspital, rempli d'Allemands malades ou blessés, parmi lesquels on a forcément rangé tous les Alsaciens.

« 2° Le Friedenspital. Une moitié de cet immense lazaret est consacrée aux amputés français. L'autre reçoit les malades français qui, une fois remis, peuvent être dirigés sur les forteresses du Nord. Ces convalescents, trop vite expédiés, rechutent en route et vont mourir presque tous sur le chemin d'un plus lointain exil.

« 3° Le Bernadskirche. C'est l'antique église paroissiale de Rastadt, dédiée à saint Bernard et abandonnée depuis l'érection de la nouvelle. Là gisent deux cents varioleux et typhoïques dont les rangs sont chaque jour fauchés par la mort (1). »

L'infirmerie de la citadelle était aussi remplie de malades presque tous Alsaciens, que soignait avec un héroïque dévouement un franc-tireur de Strasbourg, nommé Edinger, pour lequel du Petit Thouars demanda et obtint une médaille militaire bien gagnée.

Dès le début de l'internement, la sollicitude chrétienne de l'ancien chef d'état-major avait arraché au général Waag l'autorisation pour les

(1) *Les soldats français dans les prisons d'Allemagne*, par le chanoine Guers, missionnaire apostolique.

prêtres catholiques de visiter régulièrement les prisonniers et les malades. Mais il n'y avait alors à Rastadt que des prêtres allemands, la plupart ne parlant pas français. Leur charité ne pouvait donc qu'absoudre les mourants sans recevoir leurs suprêmes aveux.

Sur le conseil de Mgr Mermillod, un aumônier de l'armée du Rhin, le chanoine Guers, vint en Allemagne après le désastre de Sedan, pour consoler les malheureuses victimes de nos désastres, entassées dans les forteresses et les hôpitaux.

Le dévoué missionnaire visita successivement l'hôpital de Munich, les camps d'Ingolstadt et d'Ulm, dans lesquels nos pauvres soldats, obligés de travailler tout le jour aux fortifications, n'avaient pour dormir que des casemates basses et malsaines dans lesquelles ils étaient à demi asphyxiés, ou des baraques en planches qui laissaient passer le froid, la pluie et la neige. L'abbé Guers se rendit ensuite à Carlsruhe, où la fille du roi Guillaume, la grande-duchesse de Bade, avait organisé un lazaret modèle. C'est là qu'il apprit la capitulation de Metz et l'envoi d'un nombreux convoi de prisonniers à Rastadt. Quittant aussitôt la capitale du grand-duché de Bade, le missionnaire apostolique accourut dans la vieille forteresse des margraves pour y porter les secours de son ministère.

Pendant plusieurs jours l'abbé Guers et le commandant du Petit-Thouars se retrouvèrent sur le chemin de ces tristes asiles de la souffrance, où se mouraient, loin de la Patrie et de leurs mères, de jeunes hommes il y a quelques semaines pleins de forces et de vie.

Au mois de novembre, Mgr Kuebel, qui administrait le diocèse de Bade depuis la mort de son intrépide archevêque Mgr Hermann, baron de Vicari, envoya à Rastadt un aumônier en titre, et le missionnaire reprit son douloureux pèlerinage à travers les forteresses de l'Allemagne, gardant au cœur l'inoubliable impression de l'ardente foi, de l'infatigable charité de du Petit-Thouars. Nous l'avons entendu évoquer avec une indicible émotion cette grande figure de croyant, qui se détache lumineuse sur le fond lugubre des misères, des deuils} et des désespérances de la captivité.

Le prêtre choisi par Mgr Kuebel était presque un Français. Né sur la frontière, non loin de Neuf-Brisach, l'abbé Unversagt avait passé dix ans en France ou en Algérie. Obligé de quitter Constantine, au début de la guerre, à cause de sa nationalité, il était rentré dans son diocèse pour

AMIRAL LA RONCIÈRE LE NOURY

venir se dévouer au service de nos soldats qu'il connaissait et aimait.

Le commandant du Petit-Thouars lui rend un magnifique hommage : « M. l'abbé Unversagt, écrit-il, ne s'est pas borné à l'exercice de son ministère. Avec un zèle infatigable, il se fit l'intermédiaire des parents auprès de leurs enfants, courant sans cesse d'une casemate à une autre. Ce qui est plus important encore, il a fait dresser l'acte mortuaire de tous ceux qui ont succombé et en a déjà envoyé plusieurs centaines aux familles. »

Le commandant s'associait à cette dernière œuvre de miséricorde comme à toutes les autres. Après avoir énergiquement protégé ses compagnons d'armes contre la brutalité allemande, les avoir consolés à leur agonie, il veillait à leurs funérailles et à leurs tombes avec une sollicitude toute maternelle.

Ses instances avaient obtenu du général Waag que même le plus humble des soldats prisonniers s'en irait dormir au cimetière accompagné militairement, que chacun d'eux aurait une fosse séparée et qu'au-dessus de ce funèbre champ du repos un monument funéraire permettrait aux familles de retrouver la place où reposent leurs enfants.

Sur un bloc de granit, surmonté d'une croix, se lit cette inscription où se retrouve toute l'âme de celui qui en fut l'inspirateur :

AUX PRISONNIERS FRANÇAIS

MORTS A RASTADT. 1870-71.
LEURS COMPAGNONS.

« *Seigneur, vous avez exercé sur votre peuple des traitements rigoureux et vous lui avez fait boire un vin de douleur !* » (Ps. LVII.)

« *Mais vous avez élevé un signal en faveur de ceux qui vous craignent, afin qu'ils puissent éviter l'arc bandé contre eux.* » (Ps. LIX, 6.)

La sollicitude de l'officier chrétien alla plus loin encore, et avant de quitter Rastadt il fonda à perpétuité une messe pour le repos de toutes ces âmes, dont les dépouilles étaient ensevelies sous la lourde terre allemande; se faisant ainsi l'initiateur de cette œuvre admirable *des prières et des tombes*, dont un moine franciscain, le P. Joseph, allait bientôt devenir l'éloquent apôtre.

Un jeune vicaire de Rastadt, l'abbé Maximilien Bader, rivalisait de zèle avec du Petit-Thouars et l'abbé Unversagt. Il prit la petite vérole au chevet des captifs et faillit en mourir.

Comme le chanoine Guers lui exprimait sa reconnaissante admiration, disant : « Si les mères de nos Français pouvaient vous voir et vous remercier ! » — « Non, répondit le malade, trahissant le secret de son sublime dévouement, que Dieu s'en souvienne, et cela suffit. »

Belles paroles, bien dignes d'un prêtre catholique qui oublie les nationalités en face des âmes à consoler et à sauver.

Les médecins des hôpitaux de Rastadt, qui n'obéissaient pas au même sentiment religieux, essayèrent plusieurs fois d'entraver ce ministère de charité que les prêtres allemands remplissaient pour que Dieu s'en souvienne ! Mais du Petit-Thouars veillait, et, grâce à ses énergiques protestations, les malades et les mourants ne furent jamais privés des secours religieux.

Obligés de s'incliner devant les ordres formels du gouverneur, les médecins allemands se vengèrent en interdisant l'accès des hôpitaux à la comtesse Zeppelin d'origine alsacienne, à Mlle Julie Schill et à quelques autres femmes d'élite que la pitié entraînait au chevet de nos malades et de nos blessés, non seulement pour soulager leur dénûment, atténuer leurs privations, mais aussi pour leur faire oublier, par des soins maternels, de douces paroles, d'angéliques sourires, la brutalité des médecins et des infirmiers.

Cruelle et basse vengeance, indigne d'hommes civilisés !... Comme si les haines de race ne devaient pas s'éteindre en face de la maladie et de la mort !

CHAPITRE XI

——

Le rapport adressé par du Petit-Thouars au ministre de la marine sur les prisonniers français internés à Rastadt est un document historique de la plus haute importance ; mais il ne nous donne que les grandes lignes de l'organisation de la captivité, laissant dans l'ombre la grande figure de chrétien et de soldat qui nous occupe.

Pour la faire revivre cette noble et vaillante figure, il nous faudra évoquer les souvenirs des anciens internés de Rastadt dont le commandant adoucit les souffrances, des prêtres dont il facilita le ministère, des ennemis eux-mêmes que sa piété frappait d'étonnement et de respect.

Depuis longtemps, les Français passaient aux yeux des piétistes allemands pour des monstres d'incrédulité, et il faut bien avouer que l'attitude de beaucoup de prisonniers donnait une apparence de vérité à cette réputation.

— Pourquoi vos officiers ne vont-ils jamais à l'église ? disait un jour le gouverneur d'Ingolstadt à l'abbé Guers.

Il n'en était pas ainsi à Rastadt où l'exemple donné par du Petit-Thouars entraînait les plus indifférents.

Chaque matin, dans la brume des tristes aurores de l'hiver allemand, on apercevait sur le chemin de l'église la haute silhouette du capitaine de vaisseau. Il venait s'agenouiller au pied de l'autel pour demander à Dieu les forces morales et physiques nécessaires à l'accomplissement de la rude tâche qu'il s'était imposée.

Sa prière terminée, la messe entendue, il s'en allait dans les hôpitaux qu'encombraient nos blessés et nos malades ; il s'asseyait à tous ces chevets de douleurs, trouvant le secret de relever les courages, d'apaiser les souffrances et d'entraîner les moins chrétiens aux pieds du Dieu qu'il aimait avec un zèle d'apôtre.

Un trait entre mille :

Un de ses marins, grièvement blessé à Strasbourg, allait mourir des suites d'une amputation tardive. C'était un de ces vieux loups de mer, vaillants comme Jean Bart, mais bons à damner : un vrai païen ayant perdu à courir le monde toute pratique religieuse. Le mécréant résistait aux instances de l'aumônier et courait grand risque de s'en aller dans l'autre monde sans confession.

Désolé, le prêtre avertit du Petit-Thouars qui accourt aussitôt.

— Eh quoi ! dit-il au marin, tu as eu le courage de donner un de tes bras pour la Patrie, et tu as peur de diriger tes pieds vers le ciel ?

Une soudaine émotion bouleverse ce visage contracté par la souffrance, tanné à tous les souffles des océans.

— Vous avez raison, mon commandant, dit l'homme, appelez le curé.

Et le pauvre diable fit une mort de prédestiné.

Semblable scène se renouvelait souvent, car les privations ajoutées aux tortures morales abattaient les uns après les autres nos malheureux soldats ; mais les plus désespérés retrouvaient le

calme et le courage en voyant l'inaltérable force
d'âme et le dévouement de leur chef.

Dès son arrivée à Rastadt, du Petit-Thouars
s'était constitué l'intermédiaire des vaincus auprès du vainqueur. Il ne se contentait pas de
visiter les soldats dans les hôpitaux et les casemates. Il groupait autour de lui les officiers,
maintenant entre eux les liens de la fraternité
militaire, relevant les courages prêts à défaillir,
apaisant les irritations et les révoltes.

Grâce à son entremise, les officiers reçurent
dès leur arrivée à Rastadt l'autorisation de porter
des vêtements bourgeois, ce qui sauvegardait la
dignité de l'uniforme, de loger chez l'habitant,
ce qui était moins dur que d'être installé dans
une caserne, enfin de circuler librement dans
l'enceinte de la forteresse contre l'engagement
de ne pas chercher à s'évader. *Rien de plus,*
souligne fièrement le capitaine de vaisseau.

Cette même fierté le fait protester avec énergie contre les malveillantes accusations de la
presse ennemie.

« On a beaucoup parlé, dit-il, de l'indifférence
de nos officiers pour leurs hommes, et les journaux étrangers ont proclamé bien haut que parmi
ceux qui avaient pris l'engagement de ne pas
s'évader, un grand nombre avaient manqué à

leur parole. Je ne sais ce qui s'est passé ailleurs ; mais la vérité sur Rastadt la voici, monsieur le ministre, dans toute sa simplicité, et j'ajouterai pour la compléter que durant ces six longs mois, bien que les lettres fussent remplies des avancements accordés à ceux qui avaient continué à servir, quoiqu'ils eussent signé des revers, trois sur plus de trois cents, un sous-intendant et deux tout jeunes gens, ont seuls manqué à ce devoir sacré. »

Au bout de trois mois, du Petit-Thouars obtint pour ses frères d'armes la faveur de faire quelques kilomètres en dehors des murailles, de respirer un peu d'air pur, de revoir un horizon plus étendu.

Parmi les épreuves de la captivité, il en était une qui se renouvelait chaque matin, l'obligation de répondre à l'appel nominal.

« J'avais accepté, écrit le capitaine de vaisseau dans son rapport au ministre, d'y faire les communications officielles, afin d'en avoir connaissance à l'avance, par conséquent de pouvoir les discuter pour les faire modifier au besoin, ou bien de pouvoir protester, en refusant de m'en faire l'intermédiaire, lorsque je trouvais qu'elles avaient un caractère blessant, et je dois ajouter que, dans ce cas, elles ont été retirées par le général. »

Les jours, les semaines s'écoulaient lentement, doublement douloureuses pour les prisonniers condamnés à entendre les *Te Deum* et les chants joyeux qui saluaient chacune de nos défaites.

Les lettres qui arrivaient de France ne leur apportaient que des échos de deuils, d'incendie, de pillages, de combats sans espérances.

Où s'arrêterait la marche triomphale du Germain ?

Dieu seul le savait, et à la douleur de ne pouvoir rien pour le salut de la Patrie venaient s'ajouter les mortelles inquiétudes de la famille, des amis, et, sous cette atroce angoisse de tous les instants, les âmes les mieux trempées se sentaient défaillir.

Seul du Petit-Thouars semble inébranlable, et pourtant il a lui aussi sur la terre de France une mère, une femme, des enfants, des amis ; mais, soutenu par sa foi, confiant dans la Providence à laquelle il recommande toutes les chères affections de son cœur, il reste debout en face de l'épreuve.

Sa pensée va de sa famille à ses anciens condisciples de Juilly, à ses chefs de Crimée et d'Italie, à ses compagnons d'armes qui luttent désespérément pour sauver au moins l'honneur de la Patrie.

A Tours, c'est son oncle l'amiral Fourichon se dévouant à la réorganisation de l'armée après la néfaste capitulation de Sedan.

Aux débuts de la guerre, l'amiral avait reçu le commandement d'une escadre qui devait rejoindre, dans les eaux allemandes, celle que commandait le vice-amiral Bouët-Wuillaumez. Les mauvais temps, le manque de troupes de débarquement avaient empêché nos marins d'opérer une réelle diversion sur les côtes de Prusse, et bientôt, dans l'affolement causé par les désastres successifs de l'armée du Rhin, le gouvernement donnait l'ordre à nos vaisseaux de rallier Cherbourg pour que leurs équipages vinssent remplacer sur les champs de bataille les régiments décimés à Wissembourg, à Reischoffen, à Forbach et dans les combats de l'armée de Metz.

« Des rangs de la marine, dit l'auteur des *Récits militaires* (1), allaient sortir des généraux d'un grand mérite, personnifiés par le vice-amiral Jauréguiberry, des chefs de corps habiles, des organisateurs, des soldats admirables, des patriotes ardents, de savants ingénieurs, et à tous les degrés de l'échelle de beaux caractères et de nobles cœurs. »

Le vice-amiral Fourichon arrivait à Paris au

---

(1) Le général Ambert, *Gaulois et Germains.*

moment où les hommes de l'opposition, profitant de la révolte et de la stupeur causées par nos défaites, arrachaient le pouvoir des mains de l'Impératrice et proclamaient la République. Mais le gouvernement de la *Défense nationale,* improvisé le 4 septembre, était seulement composé d'avocats ; ils voulurent des hommes du métier pour réorganiser l'armée, et d'un commun accord offrirent le portefeuille de la Guerre au général Le Flô et celui de la Marine à l'ancien commandant de l'escadre de la mer du Nord.

L'amiral Fourichon accepta avec empressement. N'était-ce pas servir la Patrie que d'essayer de lui donner de nouveaux soldats pour la défendre, la venger peut-être ?

Le 13 septembre 1870, Paris étant à la veille d'être bloqué par l'armée allemande, le gouvernement de la Défense nationale envoya à Tours le ministre Crémieux avec des délégations des différents services administratifs.

Trois jours après, l'amiral Fourichon quittait Paris à son tour et venait dans la capitale provisoire de la France envahie présider à la réorganisation de l'armée. Il devait trouver un actif et précieux auxiliaire dans le général Lefort, qui depuis le 13 remplissait les fonctions de secrétaire général de la guerre. Un autre membre du gouvernement, le député Glais-Bizoin, accompagnait l'amiral.

Crémieux s'était installé avec sa famille chez l'archevêque, le vénérable Mgr Guibert (1). Glais-Bizoin se choisit un logis plus modeste, se réservant d'envahir à toute heure l'hôtel construit jadis pour le maréchal de Castellane lorsqu'il commandait à Tours et qui était alors transformé en ministère de la guerre et de la marine.

Sans cesse entravé dans son œuvre par ces deux survivants de 1848, l'amiral Fourichon protestait avec véhémence, et lorsqu'éclatèrent les troubles de Lyon, indigné de ne pouvoir obtenir de ses collègues l'ordre de mise en liberté immédiate du général Mazure emprisonné par les émeutiers, il donna sa démission. Sur ces entrefaites, Gambetta arrivait à Tours; le tribun s'empara du portefeuille de la guerre et l'amiral, faisant abnégation de ses opinions personnelles pour n'écouter que son patriotisme, consentait à rester à la tête de la marine qu'il sauvait ainsi de la désorganisation.

Quelques semaines plus tard, les journaux allemands apportaient à l'interné de Rastadt le nom du général de Sonis, un de ses devanciers au collège de Juilly. Un dessein providentiel va

(1) Mort depuis archevêque de Paris et cardinal.

réunir le pieux soldat d'Afrique aux défenseurs de la Papauté pour leur donner l'insigne gloire d'arborer sur le champ de bataille le drapeau du Sacré-Cœur et de l'empourprer de leur sang.

Franchissant les murailles de la forteresse badoise, la pensée de du Petit-Thouars suit, à travers le Vendômois et l'Orléanais, la marche des soldats de Chanzy, de Jauréguiberry, de Sonis... Que n'est-il auprès d'eux pour les guider à travers ces plaines, ces forêts qui lui sont familières !...

Cette terre que foulent les armées du duc de Mecklembourg, c'est sa terre natale... C'est là qu'il a passé les premières années de son enfance, qu'il est revenu se reposer au retour de ses longues courses sur les océans...

Aussi, comme ils glacent son cœur les cruels bulletins de guerre qui arrivent presque journellement à Rastadt !

C'est le combat d'Arthenay, le 10 octobre ; huit jours plus tard, c'est le combat et l'incendie de Châteaudun. Le mois de novembre, un instant éclairé par la victoire de Coulmiers, se termine plus douloureusement encore avec de nouvelles défaites. Le 28, nos troupes sont écrasées à Beaune-la-Rolande, à quelques centaines de mètres de ce petit château de Bourdeaux-les-Rouches où, trente-huit ans auparavant, venait au monde le futur héros de Sébastopol et de Strasbourg.

Le 1er décembre, l'effort du vice-amiral Jauréguiberry à Villepion rendra la victoire incertaine. Le 2, ce sera au tour du général de Sonis d'arrêter un instant la fortune de l'Allemagne sur le chemin de Loigny.

Dans les rangs de l'héroïque phalange qui entoure Sonis se trouve un des plus chers camarades de du Petit-Thouars, le commandant de Troussures.

Les hasards de la vie ont séparé les anciens condisciples : l'un a fait respecter et aimer la France à travers le monde ; l'autre est allé représenter ses vieilles traditions, en se consacrant à la défense du Saint-Siège, battu en brèche par les troupes de Garibaldi et les intrigues de Cavour.

Tandis que le marin était encore à Strasbourg, le zouave pontifical, obligé d'abandonner Rome, accourait au secours de la Patrie envahie.

Depuis les premiers jours d'octobre, il suit les marches et contre-marches du 17e corps.

Le 1er décembre, Troussures, croyant comme du Petit-Thouars, s'est agenouillé dans la petite église de Saint-Péravy-la-Colombe pour recevoir, à côté de Sonis et de Charette, le Pain des Forts, puis, se relevant, ils ont marché au canon qui gronde dans la plaine de Patay... Quand ils y arrivèrent tout était perdu *fors l'honneur,* que leur héroïsme allait sauver.

Nous avons raconté, dans notre *Histoire de Sonis,* cette légendaire charge de Loigny, où une poignée de héros a montré aux générations à venir « comment savent mourir les chrétiens et les hommes de cœur ! »

— Merci, général, de nous mener à pareille fête ! s'écriait Troussures en s'élançant à cette charge mortelle.

Ce cri de l'ami de sa jeunesse arriva jusqu'à du Petit-Thouars. Lui aussi eût voulu être à *pareille fête* et comme Sonis, Charette, Verthamon, les Bouillé, Troussures et tant d'autres, sceller de son sang le plus magnifique acte de foi des temps modernes... Jamais depuis Jeanne d'Arc un étendard religieux n'avait flotté sur les champs de bataille.

A Paris, c'est un des anciens chefs de du Petit-Thouars, le vice-amiral de la Roncière Le Noury, qui préside à la défense des forts et y fait régner cette magnifique discipline qui est la force de notre armée navale.

Dès le 7 août, l'amiral Rigault de Genouilly réclamait pour ses marins l'honneur de coopérer

à la défense de Paris, et au moment où du Petit-
Thouars partait pour organiser à Strasbourg la
flottille du Rhin, tout l'équipage du *Louis XIV*,
le vaisseau-école des canonniers, débarquait à
Toulon et prenait la route de Paris.

Brest, Cherbourg, Lorient, Rochefort envoyaient
aussi leurs contingents pour armer les forts.

Au milieu du vertige général, les détachements
de la marine garderont un admirable sang-froid ;
et pourtant, ainsi que l'écrira leur commandant
en chef, le vice-amiral de la Roncière Le Noury :
« ... C'était la première fois que des marins
venaient opérer si loin du littoral. Ils avaient
mis pied à terre à Sébastopol, au Mexique, en
Cochinchine, au Japon, au Sénégal, sur cent
autres points du globe, mais partout ils étaient
sur un territoire ennemi ; à Paris ils se trouvaient en présence des écueils qu'offrent les
entraînements de la grande capitale et de ceux
que présentaient les excitations populaires fomen-
tées de longue main... Ces braves gens ont su
rester étrangers aux écarts d'une révolution qui
dans un tel moment excitait leur surprise...
ils comprenaient que les vaines théories de
l'Egalité ne cherchaient qu'à étouffer le sentiment de l'obéissance et dédaignaient ces défiances
mutuelles qui se traduisaient toujours par le mot

trahison. Enfin, ils sentaient que là où le doigt de la Providence laissait une empreinte si éclatante, l'oubli de Dieu, qu'eux n'oublient jamais, avait fait naître l'oubli du devoir et menaçait d'engendrer l'oubli de la Patrie (1). »

Suivant l'ordre du commandant en chef, chaque fort était tenu comme un vaisseau ; les règlements étaient les mêmes, unissant dans une étroite communauté de vie les officiers à leurs hommes ; les habitudes, le langage lui-même n'avaient pas changé, et chacun de ces forts que nos marins allaient défendre, Dieu sait avec quelle bravoure ! semblait un vaisseau immobilisé. Comme une escadre, les forts de Paris étaient subdivisés en deux commandements : le contre-amiral Saisset avait sous ses ordres *Noisy, Romainville* et *Rosny;* le contre-amiral Pothuau, *Montrouge, Vanves* et *Bicêtre.*

Le rôle des marins pendant le siège est trop intimement lié à notre sujet pour que nous ne les suivions pas derrière ces murailles dont les obus allemands vont faire des ruines.

Parmi ces vaillants défenseurs des forts de Paris, du Petit-Thouars compte beaucoup de fidèles amis, de chers camarades, avec lesquels

_____

(1) *Les marins au siège de Paris,* par le vice-amiral baron de la Roncière Le Noury.

il a couru les mers sous le pavillon national, alors si triomphant, aujourd'hui si humilié !

Un des officiers d'ordonnance de l'amiral de Dompierre d'Hornoy est le lieutenant de vaisseau Humann, le neveu de son maître bien-aimé, le P. Carl. Tout un état-major d'élite entoure les amiraux; ce sont les commandants Vignes, Amet, Zédé, Mallet, Krantz, Massiou, Armand Fournier, Salmon, Lefort, d'André. Le capitaine de vaisseau Coudein est chargé du commandement de la batterie de Saint-Ouen et de six compagnies de marins. A la batterie des buttes Montmartre, c'est Lamothe-Ténet et d'Oncieu de la Batie qui dirigent la défense.

Les contre-amiraux de Montaignac, Fleuriot de Langle, Cosnier, du Quilio, Méquet, Hugueteau de Challié, le vice-amiral Bosse, commandent les secteurs de Vaugirard, Passy, Montmartre, les Ternes, Montparnasse, les Gobelins, la Villette.

A côté de ces chefs émérites, toute une vaillante pléiade de lieutenants de vaisseau, d'enseignes se dispute la gloire de courir à l'ennemi. Les uns tomberont au plateau d'Avron, dans les rues du Bourget, sur les remparts de Montrouge... Dieu gardera les autres pour être dans l'avenir la force et la gloire de la France.

Ils étaient à Paris accomplissant des prodiges

d'intrépidité et d'audace, nos futurs amiraux Gervais, de Courthille, de Maisonneuve et Ernest Fournier, l'un des héros de ce légendaire combat du Bourget, où la division de marine perdit sept officiers sur quinze et quatre cent quatre-vingt quinze hommes sur six cent quatre-vingt neuf !

Quelles ferventes prières le pieux du Petit-Thouars adresse au ciel pour tous ces braves qui ont le bonheur de combattre encore pour la Patrie !... Comme il suit avec anxiété dans les journaux allemands l'implacable récit de l'ardente lutte autour de Paris !

Dans les derniers jours de novembre, 3.000 marins, sous les ordres de l'amiral Saisset, se sont établis sur le plateau d'Avron, et il faudra un formidable et long effort des batteries allemandes pour en déloger les survivants.

Le 29, la division Pothuau, chargée de garder la ligne avancée qui s'étend de la Seine au plateau de Villejuif, se fait décimer à la Gare-aux-Bœufs et à l'attaque du village de Choisy où l'intrépide capitaine de frégate Desprez tombe mortellement blessé.

Le 30, deux compagnies de fusiliers marins, commandées par les lieutenants de vaisseau Glon-Villeneuve et de Kertanguy, enlèvent la barricade qui est à l'entrée du village d'Epinay et en délogent les Allemands.

Le 2 décembre, dans la plaine de Bagneux, le vicomte de Grancey, un des anciens camarades de du Petit-Thouars aux tranchées de Sébastopol, meurt comme un preux des légendes chevaleresques.

Le lieutenant de vaisseau de Grancey avait abandonné la marine pour se marier. Au début de la guerre, il fut nommé colonel par les mobiles de la Côte-d'Or, et c'est en entraînant son régiment qu'il tomba sous les balles ennemies, trouvant encore la force de crier à ses hommes : *En avant !...*

En avant !... c'est le cri sublime qui retentit au Bourget le 21 décembre.

En avant ! ordonne le commandant Lamothe-Ténet, autour duquel tombent mortellement frappés plus de la moitié des officiers et marins engagés dans l'action (1).

En avant ! clament les fusiliers de la compagnie Peltreau accourant au secours de la brigade Lavoignat et se faisant écraser plutôt que de reculer.

En avant ! en avant ! dit d'une voix qui domine le tumulte de la bataille le lieutenant de vaisseau

---

(1) 254 hommes sur 683, 8 officiers sur 15 furent tués : les lieutenants de vaisseau Peltreau, Morand, Laborde, Bouisset, Patin, les enseignes Duquesne et Wyts. Le commandant Lamothe-Ténet est aujourd'hui contre-amiral.

Ernest Fournier, l'un des officiers d'ordonnance de l'amiral en chef, et, payant d'exemple, il « déploie un courage, une énergie dignes de tous les éloges » qui lui valent l'honneur bien mérité d'être porté à l'ordre du jour.

La défense de Paris s'éternisait, l'ennemi voulut en finir et comme à Strasbourg essayer de l'intimidation.

Le 5 janvier 1871, les premiers obus tombent dans l'intérieur de la ville. Depuis déjà plusieurs jours, les forts essuyaient un feu très vif auquel nos canonniers répondaient avec vigueur et adresse.

Le fort de Montrouge, que défendait l'équipage du *Louis XIV,* devint bientôt le point de mire favori des batteries allemandes, et le commandant du *Petit-Thouars*, se souvenant du bombardement du Contades, s'associait de tout cœur aux angoisses de l'intrépide commandant Amet.

Le 12 janvier, le fort n'est plus qu'une ruine, mais ses officiers veulent rester jusqu'au dernier jour et se refusent à toute faveur qui leur ferait quitter ce poste d'honneur. Electrisés par un tel exemple, les marins des bastions les plus éprouvés demandent en grâce d'y rester.

Le 19, pendant les combats de Buzenval et de Rueil, le 21 aux forts de la Briche et de la Double-

Couronne, le 22 aux 6e et 7e secteurs, l'artillerie de la marine fit des prodiges. Hélas ! il n'est plus nécessaire d'économiser les projectiles, la famine va bientôt obliger Paris à ouvrir ses portes !...

Tous les marins ne sont pas sur les rives désolées de la Seine ; par delà la Loire, autour du Mans, la pensée de l'interné de Rastadt suit d'autres frères d'armes qui combattent encore sous les ordres de Chanzy et vont se faire tuer avec les volontaires de l'Ouest en escaladant le plateau d'Auvours.

Malgré toute l'énergie de sa foi, du Petit-Thouars était écrasé par les souffrances et les humiliations de la Patrie ; ses forces déclinaient visiblement, ses traits s'altéraient, sa taille se courbait, sa démarche devenait de jour en jour plus lente ; un matin on ne le vit ni à l'église, ni à l'appel, ni à l'hôpital, la maladie avait enfin raison de l'indomptable marin.

Une fluxion de poitrine se déclara tellement grave que le général Waag envoya immédiatement un sauf-conduit à Mme du Petit-Thouars, pour que son prisonnier ait la consolation de la voir avant de mourir.

La noblesse de caractère de l'officier de marine, son énergie, sa piété avaient inspiré au gouver-

neur et aux habitants de Rastadt une profonde
sympathie, qui se manifesta d'une façon touchante
lorsque, épuisé de préoccupations et de fatigues,
il tomba dangereusement malade.

Un grand silence se fit autour de la maison
qu'il habitait, et les tambours de la garnison
reçurent l'ordre de cesser de battre pour ne pas
troubler par leurs roulements le repos du soldat
abattu sur un lit de douleur.

« Magnifique hommage rendu par le vainqueur
au noble caractère du vaincu ; plus précieux, dit
l'amiral Humann, que bien des sourires de la
fortune. »

Malgré les sinistres prévisions des médecins,
du Petit-Thouars revint à la vie ; il entrait en
convalescence quand fut signé l'armistice.

Le 23 janvier, Jules Favre, le ministre des
Affaires Étrangères, était allé à Versailles négo-
cier avec Bismarck les conditions d'une trêve
qui permettrait à la France d'élire une Assemblée,
« pour décider si la guerre doit continuer ou à
quelles conditions la paix doit être faite. »

Le 26, à neuf heures du soir, le général Vinoy
envoyait aux commandants des forts l'ordre de
cesser le feu sur toute la ligne, à minuit.

La capitulation de Paris est un fait accompli !
Pour avoir du pain, la cité vaincue par la famine

va livrer les forts qui l'ont si vaillamment défendue.

Le télégraphe apporta aussitôt à Rastadt cette grande nouvelle. Du Petit-Thouars la redoutait depuis bien des semaines avec une cruelle angoisse... Paris au pouvoir de l'ennemi, c'est le naufrage de ses suprêmes espérances !

Au prix de quels sacrifices va se faire la paix ?... Quels lambeaux de la France vont rester entre les serres de l'aigle allemand ?...

Dans cette atroce anxiété l'ardent patriote voudrait tout à la fois arrêter et devancer les heures. Impatient de connaître les dernières scènes du drame qui se déroule depuis plus de six mois sur la terre de France, il frémit d'épouvante à la pensée des suprêmes humiliations, des douloureux sacrifices qui vont nous être imposés par le vainqueur !

Le 12 février, les députés de l'Assemblée nationale se réunissaient à Bordeaux et, acclamant M. Thiers comme chef du pouvoir exécutif, ils l'envoyaient à Versailles signer les préliminaires de la paix avec le chancelier de l'empire d'Allemagne.

Le 26, après de longues et inutiles discussions, le mandataire de la France signait les conditions léonines dictées par Bismarck et repartait aussitôt pour les faire ratifier par l'Assemblée.

Il n'y avait pas un instant à perdre, car une partie des troupes allemandes devaient entrer à Paris et y rester jusqu'à la ratification des préliminaires.

Sous cette impression, les députés sanctionnèrent, par 546 voix contre 107, le cruel *Væ Victis !*

Immédiatement après ce lugubre vote, les représentants des provinces annexées, parmi lesquels se trouvaient le libre-penseur Gambetta et l'ardent catholique Keller, sortirent de la salle des séances.

Cette lutte terrible et désastreuse, que n'éclairait depuis bien des semaines aucun rayon d'espérance, était terminée !... La lourde épée du Germain s'appesantissait sur les épaules meurtries du Gaulois.

D'après un des articles de la convention signée à Versailles, les officiers internés en Allemagne étaient libres aussitôt la ratification des préliminaires. Les soldats, moins heureux, ne devaient être rapatriés qu'après la signature définitive du traité.

Cette clause navrait du Petit-Thouars. Il sentait bien que rester plus longtemps à Rastadt c'était se condamner à une mort presque certaine, et, pourtant il hésitait à abandonner ses

compagnons d'infortune. Il céda enfin aux instances de tous et consentit à partir.

Les prêtres qu'il avait édifiés pendant plus de
cinq mois, les femmes qui l'avaient aidé dans sa
mission de dévouement se trouvèrent à la gare
pour dire adieu au grand chrétien, à l'intrépide
soldat, et sur son passage les Allemands saluaient
avec respect.

Mais quand il ne fut plus là pour maîtriser la
brutalité des vainqueurs, apaiser les murmures,
calmer les révoltes, une grande surexcitation
envahit les casemates et les campements où nos
soldats attendaient une liberté que leurs chefs
avaient déjà; il y eut alors des scènes douloureuses dont le récit fit saigner le cœur de du
Petit-Thouars, lui donnant l'indicible regret de
n'avoir pas donné sa vie pour rester jusqu'à la
fin au poste de dévouement qu'il s'était assigné.

CHAPITRE XII

Du Petit-Thouars était bien faible encore lorsqu'il quitta Rastadt, et le long voyage pour atteindre le midi lui fut doublement pénible.

Son âme si française souffrait cruellement à
la vue de tous les désastres, de toutes les ruines
amoncelés par l'invasion.

« Nous avions fait la guerre à la Russie et à
l'Autriche, mais après les campagnes de Crimée
et d'Italie aucune voix ne s'élevait pour maudire
le vainqueur et l'accuser de cruelles infamies.

« Nos adversaires de Malakoff ou de Magenta avaient des cœurs comme les nôtres. Entre eux et nous, il n'y avait ni lâches assassinats, ni vol à main armée.

« Les Prussiens de 1870 ont imprimé à la guerre un véritable retour vers la barbarie. Déjà dans la campagne de 1792, les Prussiens bombardent les villes, afin de s'épargner les périls de l'assaut. Mais dans la dernière guerre, les procédés de M. de Bismarck et de M. de Moltke ont fait regretter l'humanité du duc de Brunswick. »

« ... Les relations de peuple à peuple étaient moins intimes en 1792 que de nos jours, et cependant l'invasion du duc de Brunswick est moins violente, moins abominable. Lorsque les colonnes prussiennes traversaient en 1870 nos villes et nos campagnes, il se trouvait dans leurs rangs des hommes qui avaient mangé notre pain, travaillé dans nos usines, dans nos maisons de commerce ou de banque, suivi les leçons de nos maîtres, vécu de notre vie... Leur avions-nous fait sentir le prix de l'hospitalité? Les portes de nos salons, de nos ateliers, de nos établissements scientifiques ou littéraires s'étaient-elles jamais fermées devant eux? Toutes les merveilles de notre Paris, tous les charmes de nos provinces ne leur appartenaient-ils pas comme à nous?

« Et pas un sentiment de reconnaissance, pas un souvenir affectueux ne s'est réveillé dans leurs cœurs.

« Leurs maîtres d'école tant vantés pouvaient enseigner que la guerre n'exclut pas les sentiments généreux et nobles. L'histoire est là pour le dire (1)... »

Au début de la guerre franco-allemande, Bouët-Wuillaumez arrive en vue du port de Kolberg, les canons du vaisseau-amiral sont braqués sur la ville ; la détruire ne serait qu'une juste représaille, mais, sur la plage, on aperçoit, au lieu de soldats, des femmes et des enfants, et l'amiral, cédant à un sentiment de compassion que partage son équipage, fait virer de bord la *Surveillante*, préférant encourir un blâme plutôt que d'entacher sa gloire militaire par le meurtre d'innocentes victimes.

Les généraux de l'Allemagne n'étaient pas accessibles à des sentiments aussi chevaleresques ; et jusqu'à la fin de sa vie, du Petit-Thouars frémissait en évoquant le souvenir de ces nuits atroces du bombardement de Strasbourg, où les cris aigus des petits enfants atteints par la mitraille arrivaient au Contades, glaçant d'épouvante soldats et marins !

(1) GAULOIS ET GERMAINS : *Récits militaires*, par le général Ambert.

Paris, Bitche, Phalsbourg, Belfort, toutes nos villes fortifiées, qui ne s'ouvrirent pas aux premières sommations de l'ennemi, assistèrent aux mêmes scènes déchirantes, entendirent ces mêmes cris d'enfants, ces mêmes sanglots de mères qui ne veulent pas être consolées !

C'était en plein XIX⁰ siècle, avec tous les progrès de la science moderne, le farouche envahissement des Goths et des Vandales...

Avec quelle indicible émotion du Petit-Thouars recueillait les échos de cette défense de Paris qui est une des gloires de la marine française !

Comme son cœur battait d'orgueil en lisant la lettre de l'amiral de Dompierre d'Hornoy au commandant Amet, pour lui exprimer à lui et à son héroïque équipage les sentiments d'admiration qu'avaient inspiré à toute l'armée et à la population parisienne leur magnifique attitude sous le feu des batteries prussiennes ! « ... Chacun de vos officiers et marins inscrira avec un juste orgueil sur ses états de service : *J'étais au fort de Montrouge !*

Elle était plus émouvante encore l'éloquente supplique adressée le matin du 27 janvier 1871 par le vice-amiral de la Roncière Le Noury au commandant en chef de l'armée de Paris le général Vinoy.

AMIRAL FOURICHON

Dès que l'amiral avait eu connaissance de la douloureuse obligation de remettre les forts aux Allemands, il s'était empressé de demander en grâce au général en chef d'épargner aux marins une si pénible mission.

« ... Puisque la cruelle nécessité leur en fait un devoir, ils sauront se résigner. Ils abandonneront en courbant tristement la tête des remparts qu'ils défendaient au nom de la Patrie, et où bien des leurs sont tombés bravement ; mais si les lois de la guerre ne s'y opposent pas absolument, permettez qu'ils se retirent avant l'arrivée du vainqueur... Faites qu'ils ne voient pas l'affreuse réalité et veuillez ordonner que ces forts soient rendus par ceux qui nous y ont reçus, c'est-à-dire le commandant de place, les agents du génie et de l'artillerie.

« Votre cœur de soldat a déjà compris les sentiments que j'ai le devoir de vous exprimer, je n'insisterai pas, mais jusqu'au dernier moment je compterai sur une solution qui constituera pour nos marins la dernière récompense qu'ils ambitionnent... »

En lisant cette lettre, si belle dans sa simplicité, de grosses larmes coulaient sur les joues amaigries de du Petit-Thouars.

Le général Vinoy s'empressa d'accéder à la

touchante demande du vice-amiral de la Roncière
Le Noury, dont l'admirable dévouement, l'indomptable énergie, l'héroïque bravoure avaient
été au-dessus de tout éloge, et, le 29 janvier, les
marins rentraient à Paris sans avoir été en
contact avec l'ennemi.

La foule massée sur leur passage saluait ces
vaillants ; mais, quand défila sombre et silencieux ce qui restait de l'équipage de Montrouge,
un formidable *vivat* sortit de toutes ces poitrines
amaigries, de toutes ces lèvres décolorées par les
privations et les souffrances.

Hélas ! cette admiration si justement méritée,
les intrigues des organisateurs de la Commune
allaient essayer d'en faire un piège à la naïve
bravoure des marins.

Le soir du 28 février, des groupes se réunissent tumultueusement devant l'Ecole militaire et
la caserne de la Pépinière, où les marins sont
campés en attendant leur rapatriement. Les Allemands entrent le lendemain aux Champs-Elysées.
On veut essayer d'entraîner les marins, de faire
un drapeau de leur uniforme.

Bientôt les grilles de la Pépinière plient sous
l'effort de la foule, que les marins désarmés ne
peuvent repousser. Quelques-uns se laissent
entraîner au dehors, mais la plupart, dociles à

la voix de leurs chefs, restent inébranlables, et, à l'appel du soir, il n'y avait que huit absents sur dix-huit cents hommes...

Une fois de plus les marins donnaient un superbe exemple d'énergie et de discipline. Mais l'émeute était latente dans les rues de Paris et les officiers attendaient avec impatience le moment où il serait possible d'éloigner leurs hommes de ce foyer d'excitation.

Du Petit-Thouars partageait vivement ces inquiétudes et il éprouva un véritable soulagement en apprenant que le dernier convoi de marins venait d'être dirigé sur Toulon.

C'était le 17 mars au soir.

Le lendemain matin, le malheureux régiment de ligne envoyé pour reprendre les canons de Montmartre se laissait entraîner à pactiser avec l'émeute. Quelques heures après, le gouvernement affolé fuyait devant l'insurrection, abandonnant Paris aux mains d'une bande de forcenés, et la Commune inaugurait son règne par l'assassinat des généraux Lecomte et Clément Thomas.

Deux jours après, un de ses chefs, Bergeret, faisait tirer sur les pacifiques manifestants de la place Vendôme, au milieu desquels se trouvaient l'amiral Saisset, un des plus intrépides défenseurs de Paris pendant la guerre allemande, et l'ingénieur Baude qui, le 13 janvier, avait si bravement présidé à la construction des tranchées au village de la Courneuve sous le feu de l'ennemi. L'amiral ne fut pas atteint, mais l'ingénieur tomba mortellement frappé.

Qu'allait devenir la Patrie dans cette nouvelle tourmente ?

Sortirait-elle de ce Baptême de sang fortifiée, régénérée par un retour sincère au Dieu de Clovis, de saint Louis et de Jeanne d'Arc ?

C'était la suprême espérance des âmes vraiment chrétiennes ; et de tous côtés les mains se levaient vers le ciel, implorant la miséricorde divine en faveur de cette pauvre France déjà si meurtrie et si humiliée !

C'est alors que prit naissance la grande pensée d'élever à Paris une église votive au Sacré-Cœur, qui serait en même temps une éclatante réparation des fautes nationales, un hommage de foi et d'amour, une égide pour l'avenir.

En attendant que cette pensée se réalisât, prêtres à l'autel, religieuses dans leurs cloîtres, mères et femmes près de leurs foyers déserts, blessés et malades retenus loin du combat, priaient ardemment, tandis que s'organisait à Versailles, sous le commandement du maréchal de Mac-

Mahon, l'armée qui allait arracher Paris aux fédérés.

Nous n'avons pas à raconter ici cette lutte fratricide, d'autant plus douloureuse qu'elle avait pour spectateurs les Allemands, massés à Saint-Denis. La santé de du Petit-Thouars l'empêchait de venir rejoindre ses compagnons d'armes ; mais on voit dans sa correspondance avec quelle anxiété il les suivait au milieu des péripéties de ce second siège !

Avec quelle émotion il lisait les échos terrifiants de ce qui se passait à Paris !...

La profanation des églises, les emprisonnements de suspects, les exécutions sommaires !... Chaudey, le rédacteur du *Siècle,* est la première victime des fédérés. Quelques jours après, le 24 mai, Mgr Darboy, le président Bonjean, le vénérable curé de la Madeleine, l'abbé Deguerry, un aumônier des ambulances, l'abbé Allard, meurent à leur tour en martyrs de la foi et de la justice avec le P. Ducoudray et le P. Clerc, un ancien frère d'armes de du Petit-Thouars, qui avait échangé son uniforme d'officier de marine pour la robe noire du Jésuite... Le même jour les Dominicains sont massacrés à Arcueil... Le lendemain, cinquante-trois otages tombent, rue Haxo, sous les coups d'une foule furieuse. Parmi

eux se trouvent trois Jésuites, les PP. Olivaint,
de Bengy, Caubert, un tout jeune séminariste,
Paul Seigneret, deux prêtres du diocèse de Paris,
des gendarmes et quatre missionnaires de Picpus
que les sauvages de l'Océanie avaient épargnés !...
Le 27, Mgr Surat, l'archidiacre de Paris, le curé
de Bonne-Nouvelle, un missionnaire de Chine sont
fusillés sur la place de la Roquette par des femmes
et de jeunes détenus !... Et pendant une longue
semaine nos soldats et nos marins se battent
dans les rues, qu'éclairent d'une lueur sinistre les
incendies des monuments et des maisons !

« — Prions ! prions ! » répétait l'ancien défenseur de Strasbourg. Et on le voyait de longues
heures agenouillé dans la petite église d'Al-
levard.

Enfin, le 29 mai, arrivait dans les montagnes
du Dauphiné la proclamation du maréchal de Mac-
Mahon, affichée la veille au soir à Paris, pour
annoncer que les dernières positions des insurgés
venaient d'être enlevées, et féliciter de leur courage et de leur dévouement soldats et marins.

« Après un siège de deux mois, disait le commandant en chef, après une lutte de huit jours
dans les rues, Paris est enfin délivré. Vous l'avez
rendu à la France.

« Soldats et marins,

« Le pays tout entier applaudit au succès de vos patriotiques efforts, et l'Assemblée Nationale qui le représente vous a accordé la récompense la plus digne de vous.

« Elle a déclaré par un vote unanime que les armées de terre et de mer avaient bien mérité de la Patrie. »

Oui, ils avaient bien mérité de la Patrie ces captifs de l'armée du Rhin, ces vaincus de la Loire et de l'Est, dont l'héroïsme épargnait à la France l'indicible humiliation de recourir aux soldats de l'Allemagne pour vaincre l'insurrection parisienne !

Après la signature de la paix, lorsque les portes de Rastadt s'étaient enfin réouvertes pour les survivants de Strasbourg et de Metz, du Petit-Thouars avait envoyé au ministre de la Marine, l'amiral Pothuau, son rapport *sur les prisonniers français internés à Rastadt,* qui est un des plus précieux documents de cette douloureuse période.

Le 29 juillet 1871, l'amiral Pothuau, se faisant l'interprète de la reconnaissante admiration de la France pour les services rendus aux prisonniers par le commandant, lui adressait une chaleureuse lettre de félicitation.

« C'est grâce à votre tact et à votre énergie, lui écrivait-il, que les autorités allemandes se sont relâchées peu à peu de leur rigueur. Votre conduite dévouée pendant cette longue captivité a été digne de vos antécédents. A Rastadt comme à Strasbourg vous avez brillamment représenté la marine, et j'éprouve une véritable satisfaction à vous témoigner l'estime particulière que je fais de vos services pendant toute la durée de la guerre. »

M. Keller, l'éloquent député alsacien, s'était déjà fait l'écho de l'admiration et de la reconnaissance des habitants de Strasbourg pour leur héroïque défenseur, en demandant à Gambetta sa nomination de contre-amiral.

Le dictateur qui avait donné les étoiles de général au baron de Charette, l'intrépide colonel des volontaires de l'Ouest, n'aurait pas mieux demandé que de les donner au petit-neveu du héros d'Aboukir.

Lorsque la passion politique et antireligieuse ne l'aveuglait pas, l'âme ardente du tribun comprenait la souveraine grandeur des âmes croyantes et fortes, mais il n'eut pas le loisir d'enfreindre les règlements formels qui régissent l'avancement dans la marine. Dès sa réunion à Bordeaux, l'Assemblée Nationale lui enlevait le pouvoir absolu dont il disposait depuis cinq mois, pour en déléguer une partie à M. Thiers, que sa vive opposition à la guerre et ses tentatives diplomatiques pendant la douloureuse campagne transformait en oracle. L'enthousiasme inspiré par l'ancien ministre de Louis-Philippe était alors si grand, que quelques semaines plus tard, dans une inoubliable séance, la majorité de l'Assemblée alla jusqu'à lui décerner le titre superbe de libérateur du territoire !

Hélas ! ce territoire n'était pas entièrement libéré... En vertu du traité signé à Francfort, le 10 mai 1871, toute l'Alsace, à l'exception du territoire de Belfort, et les deux tiers de la Lorraine restaient la proie du vainqueur.

En apprenant ces cruelles conditions qui nous arrachaient Metz et Strasbourg, du Petit-Thouars frémit d'indignation : « Ah ! les spoliateurs de territoire qu'ils soient maudits de Dieu, s'écrie-t-il, car il n'y a pas de crime comparable à celui qui enlève à tout un peuple sa nationalité ! »

A la fin de juillet, le capitaine de vaisseau se trouvait assez rétabli pour répondre à l'appel de son ministre et, le 12 août, il venait prendre place au conseil de perfectionnement de l'école navale.

L'aspect de Paris était saisissant à ce lendemain de la Commune.

L'emplacement des barricades se voyait encore; on s'était battu tout autour du Ministère de la marine; les corniches, la colonnade, jadis illuminées pour de splendides fêtes, étaient éraflées, brisées par les balles. A deux pas, rue Royale, les maisons incendiées à l'angle de la rue Saint-Honoré dressaient leurs murailles calcinées; les Tuileries, le Ministère des Finances, la Cour des Comptes n'étaient plus que de sinistres ruines.

Lugubres souvenirs légués par la Commune agonisante et qui s'effaceront, hélas! de l'esprit de la plupart des Français, avant même que la pioche des démolisseurs n'ait achevé d'en faire disparaître la trace sur le sol!

L'intelligence de du Petit-Thouars était trop vivement éclairée par la foi, pour qu'il ne s'effrayât pas de cette insouciance, et il va se consacrer au relèvement de la Patrie avec une activité, un dévouement que la délicatesse de sa santé ne paralysera jamais.

Pendant près de deux années le capitaine de vaisseau resta au ministère comme membre-adjoint du Conseil d'amirauté, puis le ministre lui confia le commandement de l'*Alexandre,* le vaisseau-école des canonniers, où quinze ans auparavant il avait déjà fait ses preuves comme officier instructeur.

Bergasse du Petit-Thouars était bien le chef désigné pour la direction de l'école de canonnage :

« Les questions d'artillerie l'avaient toujours particulièrement intéressé, il en avait fait l'objet d'études spéciales, facilitées et rendues plus fécondes par l'expérience qu'il avait acquise dans le commandement de batteries à Sébastopol et à Strasbourg (1). »

C'est ainsi que pendant son séjour sur l'*Alexandre* il trouva le moyen de construire rapidement, et avec les seules ressources du bord, un radeau capable de servir de plate-forme à une ou plusieurs pièces de 22, de 14 ou de 12, de manière à pouvoir opérer sur une côte où le manque d'eau empêcherait le navire d'aller mouiller.

Nous ne suivrons pas le commandant de l'*Alexandre* dans cette laborieuse campagne, toute remplie de travaux techniques pour le perfectionnement des manœuvres d'artillerie maritime. A la tête de cette importante école il sera ce qu'il a été depuis le premier jour de sa car-

_____

(1) *Le vice-amiral Bergasse du Petit-Thouars, sa vie militaire*, par Henry Durassier.

rière, l'homme du devoir incessamment occupé de la grandeur et de la gloire de la Patrie.

Suivant la belle pensée du P. Lallemand, les convictions religieuses de du Petit-Thouars épuraient et fortifiaient son patriotisme.

Après Dieu, il aimait la France, la France chrétienne, de toutes les forces de son âme.

« Victorieuse, il l'aimait à cause de son histoire, de son influence, de son action efficace, mise au service des idées généreuses et des sentiments chevaleresques. Humiliée et vaincue, il ressentit pour elle une tendresse qu'aviva désormais la passion de lui rendre tout ce qu'elle avait perdu. Homme d'un labeur infatigable, d'une discipline peu débonnaire, il ne cessait d'exciter son entourage au travail, avec cette perspective d'une revanche prochaine ; il fallait s'y préparer ; il fallait être prêt. »

« — Mes amis, disait-il souvent à ses marins, avant tout la Patrie !... Dieu et Patrie. C'est notre devise ! »

Si du Petit-Thouars est une des grandes figures de notre histoire contemporaine, c'est qu'il était avant tout un grand chrétien.

« En toutes choses il pensait d'abord à Dieu, à Dieu tout-puissant. L'idée des droits et du souverain empire de Dieu avait pénétré son âme qui se

sentait toujours sous la direction et sous la maî-
trise de cette suprême domination. Le devoir devenait pour lui l'expression exacte de la volonté
divine. Quand il avait une décision à prendre, il
se recueillait, il priait dans l'aveu agenouillé de
sa faiblesse. Puis, tout retour sur lui-même écarté,
toute vue d'amour-propre rejetée, il allait tout
droit sans broncher (1). »

« — La question est de savoir si l'on fait ce que
l'on doit, répétait-il souvent. Dieu nous donnera
le reste. »

Et il acceptait les déceptions et les souffrances,
aussi bien que les honneurs et les joies, parce que
Dieu le voulait.

Comme Sonis, comme tous les vaillants soldats
du Christ, du Petit-Thouars marchait dans la vie,
les yeux fixés sur l'étendard de la Croix, ayant au
cœur ces paroles du cantique : *O crux ! ave, spes
unica !*

« Si tu les répètes chaque fois que tu sens la
douleur te mordre au cœur, ou que la couronne
d'épines te blesse, écrivait le P. Carl à son ancien
élève, resté son fils spirituel, elles seront pour
toi comme un baume, parce qu'elles expriment
naïvement qu'on accepte ce que le bon Dieu nous

(1) Discours du P. Lallemand prononcé à Juilly le 29 juillet 1890.

envoie et qu'on unit ce qu'on souffre aux souffrances de notre bien-aimé Rédempteur. »

Du Petit-Thouars ne pouvait échapper à la douleur puisqu'il n'y a pas de grandes âmes sans elle. Cependant, Dieu voulut plus d'une fois réaliser à l'égard de son généreux serviteur la parole de l'Evangile : « Cherchez d'abord le royaume de Dieu et sa justice, et le reste vous sera donné par surcroît. »

Sa carrière fut brillante et il eut souvent dès ce monde la récompense de sa vie droite et vaillante.

C'est ainsi que le 22 février 1876, au moment où il allait quitter pour toujours l'école de canonnage, les officiers et la maistrance de l'*Alexandre* vinrent lui offrir un sabre d'honneur, éloquent témoignage d'admiration et de sympathie pour le chef qui depuis trois ans dirigeait leurs travaux avec tant d'énergie, de justice et de bonté.

C'est par suite d'une décision tout à fait exceptionnelle que du Petit-Thouars avait conservé le commandement du vaisseau-école au delà des deux années réglementaires. Décision motivée, d'après le rapport de l'inspecteur général, « par l'excellente situation de l'école, les économies réalisées à bord et l'énergique impulsion qui se fait sentir dans tous les détails du service. »

Le ministre de la marine, le vice-amiral de Montaignac, qui avait assisté aux exercices de l'école des canonniers, envoya ses félicitations personnelles au commandant de l'*Alexandre* au sujet des tirs d'honneur, joutes et assauts qui avaient terminé sa période d'instruction.

Des rives de la Méditerranée, du Petit-Thouars revint au ministère comme membre de ce Conseil des travaux, où il avait déjà rendu de si nombreux services.

Il y resta jusqu'aux premiers jours de janvier 1877. Un changement ministériel ayant alors amené au pouvoir son oncle, l'amiral Fourichon, il occupa près de lui les fonctions de chef de cabinet.

On était en pleine crise politique. Les ministres tombaient les uns après les autres sous la faucille parlementaire. Le cabinet dont faisait partie l'ancien délégué de la Défense Nationale n'eut qu'une durée très éphémère. L'amiral Gicquel des Touches, puis l'amiral Roussin prirent tour à tour le portefeuille de la marine, trop heureux l'un et l'autre de maintenir près d'eux l'intelligent et zélé collaborateur qu'avait choisi l'amiral Fourichon.

A la fin de mars, l'amiral Roussin quittait le ministère, suivi par du Petit-Thouars, auquel il venait de donner les étoiles de contre-amiral.

Quelques semaines après, le maréchal de Mac-Mahon, président de la République, révolté par les exigences de la gauche, se décidait au coup d'Etat du 16 mai.

La dissolution est prononcée. De nouvelles élections auront lieu en septembre.

On sait quel en fut le résultat.

Les masses, épouvantées par le fantôme de la réaction qu'agitait devant leurs yeux la presse républicaine, votèrent presque partout pour les candidats de l'opposition, qui arriva en majorité au Palais Bourbon.

Le Maréchal dut se séparer de son ministère de droite, s'inclinant devant le suffrage universel, jusqu'au jour où sa dignité de soldat ne lui permettra plus de garder le pouvoir.

Sur ces entrefaites, le mariage du jeune roi d'Espagne, Alphonse XII, avec sa cousine germaine l'infante Mercédès, se décidait, et l'amiral Fourichon était choisi pour représenter la France comme ambassadeur extraordinaire.

L'amiral demanda la faveur d'être accompagné par son neveu, ce qui lui fut accordé avec empressement, et, le 13 janvier 1878, du Petit-Thouars quittait son cher et paisible foyer pour assister aux fêtes données à Madrid en l'honneur de ce mariage royal, poétique idylle dont la mort devait être bientôt le lugubre dénouement.

Ainsi, par une étrange destinée, le pieux disciple du P. Carl se trouvait une fois de plus jeté au milieu du tourbillon des fêtes mondaines. Mais la quiétude de son âme n'en pouvait être troublée, car, depuis longtemps, il mettait en pratique le conseil de saint François de Sales :

« Souvenez-vous de vous retirer souvent en la solitude de votre cœur pendant que les affaires et les conversations l'occupent extérieurement, de sorte qu'il demeure seul en la présence de Dieu seul. Tout ce qui vous environne ne peut vous fermer l'entrée de cette solitude, puisque tout cela n'est qu'au dehors de vous-même ; aussi était-ce l'exercice ordinaire de David au milieu de toutes ses grandes occupations, et nous en voyons mille exemples dans ses psaumes, comme lorsqu'il dit : *O Seigneur, je suis toujours avec vous. Je vous vois toujours devant moi.* »

Retenu loin de son foyer par le service du pays, du Petit-Thouars aurait pu écrire ce que répondait jadis le bienheureux Elzéar, ce gentilhomme provençal dont parle l'auteur de la *Vie dévote* : « Ma chère femme, si vous voulez me voir, cherchez-moi dans la plaie du côté de notre doux Jésus, car c'est là où je demeure et où vous me trouverez. Me chercher ailleurs, c'est me chercher inutilement. »

CHAPITRE XIII

Au mois d'octobre 1878, le ministre de la marine
désignait Bergasse du Petit-Thouars pour le commandement en chef de la station navale du Pacifique. La guerre entre le Chili et le Pérou, les
tentatives de révolte des Canaques et des Taïtiens
rendaient alors ce poste extrêmement important.

Ancien aide de camp de l'amiral Rigault de
Genouilly à l'escadre de la Méditerranée, du
Petit-Thouars avait appris de lui l'art difficile

de commander une division maritime, de la faire évoluer sur les flots mouvants, à travers les tempêtes et les écueils. Au Japon, à Constantinople, alors que la France était glorieuse et respectée, il avait fait ses preuves de diplomate habile, il les avait faites à Rastadt en des circonstances inoubliables. Partout et toujours, depuis le début de sa carrière, il avait montré sa fermeté, son intelligence et son patriotisme.

On pouvait donc sans crainte lui confier le drapeau de la France ; il saurait le tenir haut et ferme dans ces lointains parages !

La division du Pacifique se composait de quatre bâtiments : la *Victorieuse* et le *Decrès,* commandés par les capitaines de vaisseau Wyts et Chevalier ; le *Chasseur* et le *Hugon,* commandés par les capitaines de frégate Fleuriais et Galache. L'amiral avait choisi comme chef d'état-major un des officiers les plus brillants de notre marine, le capitaine de vaisseau Baucheron de Boissoudy (1).

Du Petit-Thouars possédait à un très haut degré ce don suprême de l'officier général, savoir choisir, au milieu d'une élite, des collaborateurs actifs, zélés, intelligents, et les grouper en un faisceau, sous une même volonté, dans

---

(1) Actuellement vice-amiral, commandant l'escadre de réserve de la Méditerranée occidentale et du Levant.

un même dévouement à la Patrie. Tous les officiers appelés par lui à servir sous ses ordres ont été sans exception des marins de grande valeur et d'ardents patriotes.

Notre héros avait au cœur un tel amour de la France qu'il se transfigurait en en parlant.

« C'était un chauvin ! » nous disait dernièrement encore un de ses anciens subordonnés, résumant dans ce mot, qui parfois fait sourire, toute la vie, tout le caractère de l'intrépide marin. C'était un chauvin, c'est-à-dire qu'il voulait voir la France glorieuse et respectée comme jadis ; qu'il souffrait cruellement des humiliations que lui valait la maladresse de ses nouveaux pilotes et que, malgré tout, quand même, il croyait à un avenir meilleur, parce qu'au-dessus de cet horizon si chargé d'orages, il apercevait la main divine et qu'il espérait en sa protection.

Joseph de Maistre appelait le patriotisme « la loyauté exaltée de nos ancêtres » ; belle et noble pensée qui définit à merveille le patriotisme de notre héros, formé des traditions de race et de carrière, de l'amour passionné du devoir et d'un sentiment religieux surélevé.

Comme Sonis, du Petit-Thouars ne connaissait pas le respect humain, comme lui il ne craignait pas d'affirmer hautement sa foi.

Suivant le conseil de saint François de Sales, le marin se confessait tous les quinze jours et communiait souvent. D'ordinaire, il s'approchait de l'autel en uniforme. Cette pratique si ostensible n'était pas sans effrayer quelques-uns de ses amis moins profondément chrétiens. L'un d'eux, avec beaucoup de ménagements et de réticences, osa conseiller à l'amiral de ne pas communier en grand costume.

— Mais c'est ainsi que je me présente devant mes supérieurs, répondit du Petit-Thouars d'un ton qui n'admettait pas de réplique.

Et il continua comme par le passé à payer d'exemple, aussi bien pour le service de Dieu que pour celui de la Patrie.

Dans les derniers jours d'octobre 1878, l'amiral, après avoir dit adieu aux siens à l'ombre de l'autel, montait à bord de la *Victorieuse*. Tout était prêt pour le départ et bientôt la corvette disparaissait dans les brumes de l'Atlantique, se dirigeant vers la Nouvelle-Calédonie, où des tentatives de révolte des tribus canaques menaçaient la sécurité de notre grande colonie pénitentiaire.

Quelques mois plus tard, Courbet suivra la même route que son ancien camarade de la *Capricieuse*, mais une sorte de fatalité éloignait toujours l'un de l'autre les deux marins, et du

Petit-Thouars sera en Amérique lorsque Courbet viendra remplacer le commandant Olry comme gouverneur de Nouméa.

Intimidés par l'apparition des vaisseaux français, les Canaques semblent renoncer à toute velléité de révolte et la *Victorieuse* reçoit l'ordre d'explorer les côtes des Hébrides; puis, sa mission hydrographique terminée, elle met le cap sur Valparaiso, où elle arrive au mois de juin 1879, saluée comme une apparition providentielle par les résidents français de l'Amérique du Sud dont les intérêts et même la vie étaient en grand péril, par suite de la guerre qui venait d'éclater entre le Chili, le Pérou et la Bolivie.

Bergasse du Petit-Thouars se trouvait ainsi, à quarante ans de distance, appelé à remplir dans les mêmes parages, le même rôle de protection exercé jadis si noblement par son oncle Abel du Petit-Thouars.

Pendant plusieurs mois, la *Victorieuse*, comme autrefois la *Reine Blanche*, croisa dans les eaux américaines, montrant son pavillon comme une égide, aussi bien pour les Péruviens que pour nos nationaux.

Suivant l'expression du commandant Wyts, les péripéties de cette guerre enchaînaient du Petit-Thouars sur les côtes de l'Amérique du

Sud. Son chevaleresque patriotisme ne pouvait se décider à abandonner nos résidents de Lima au milieu des épouvantes d'une guerre sans merci.

Mais les recommandations ministérielles au sujet des Marquises devenaient de plus en plus pressantes, les intérêts de la France, ceux du Catholicisme étaient directement engagés dans l'archipel Polynésien, tandis qu'au Pérou il n'y avait à protéger que des intérêts particuliers. Docile une fois de plus à cette voix du devoir qui chez lui se faisait toujours entendre, l'amiral donna donc l'ordre d'appareiller pour l'Océanie.

Le 1er juin 1880, la *Victorieuse* jetait l'ancre à Fatu-Hiva, « dans la baie des Vierges, aux eaux profondes, aux murailles gigantesques de roches à pic fantastiquement dentelées (1). »

Trois jours plus tard, elle mouillait à Nouka-Hiva dans cette baie de Taio-Haë, où jadis le commandant de la *Reine Blanche* avait si fièrement arboré le drapeau de la France. Hélas ! l'écho de nos désastres, de nos dissensions était arrivé jusqu'aux sauvages peuplades des Marquises, grossi encore par la malveillance étrangère, et notre prestige de grande nation en avait

---

(1) Récit du commandant Wyts.

été si profondément atteint que l'une des îles était depuis déjà longtemps en pleine insurrection.

« La pratique du tatouage, dit le commandant Wyts, y créait une école de débauche permanente, la distillation de l'eau-de-vie de coco y maintenait une ivresse pour ainsi dire perpétuelle, source d'orgies sanglantes, de festins de cannibales et de crimes de toutes sortes que nous ne pouvions pas laisser commettre sur un sol où nous avions planté notre drapeau. »

Les marins ont, plus que personne, le culte du drapeau qui incarne à leurs yeux la Patrie absente, et, de l'amiral au plus humble des matelots, tous avaient hâte de rappeler au respect du pavillon national les grossières tribus d'Hiva-Oa.

Grâce à l'énergique impulsion donnée par du Petit-Thouars, admirablement secondé par le zèle de son état-major, une forte colonne expédition-naire fut organisée en quelques jours, et le 23 juin, avant l'aube, l'amiral donnait l'ordre du départ. C'est lui-même qui dirigera l'expédition.

Voulant frapper un grand coup sur les imagi-nations des sauvages, du Petit-Thouars va s'at-taquer à la plus féroce et à la plus redoutable des tribus d'Hiva-Oa, « les Hamau. »

Cantonnés au milieu des bois, sur le sommet

d'une colline, les Hamau se croyaient à l'abri de toute atteinte. Ils ne connaissaient pas les soldats de la France, ils ne savaient pas de quels miracles d'intrépidité ces soldats sont capables lorsqu'ils ont pour les commander un chef énergique, résolu, en qui ils ont confiance.

Les troncs d'arbres, les broussailles entravent la marche de la colonne, la pluie qui tombe depuis le matin ajoute une difficulté de plus à l'expédition. Les pieds glissent sur les pentes humides, mais peu importe à nos braves marins ; s'accrochant aux branches, grimpant sur leurs genoux, rampant à travers les fourrés, les voici enfin sur la crête ; l'ennemi les aperçoit, mais trop tard. La colonne a reformé ses rangs, et, dans un élan de furie bien française, elle exécute le mouvement combiné par son chef. Enveloppés, cernés de toutes parts, les sauvages se rendent à discrétion.

Après avoir dicté ses conditions, du Petit-Thouars fit rebrousser chemin à sa colonne, ne se souciant pas de la faire camper toute une nuit sur un terrain inconnu.

Vers neuf heures, elle atteignit la plage. Les canots l'attendaient, et bientôt les vainqueurs accostaient la *Victorieuse*, aux acclamations enthousiastes de leurs camarades.

« Ce coup de main, aussi heureux que rapide, après une impunité si longue, frappa de terreur tous les indigènes d'Hiva-Oa qui se soumirent successivement et livrèrent leurs armes.

« Le désarmement fut également opéré dans les autres îles soupçonnées de connivence avec Hiva-Oa, de sorte que la pacification des Marquises, désirée depuis si longtemps en vain, avait été obtenue en quelques jours, grâce à l'activité du commandant en chef (1). »

La mission donnée à du Petit-Thouars était remplie, il était donc libre de reprendre dans l'Amérique du Sud son rôle de médiateur. Mais, avant de quitter les Marquises, il voulut faire acte de chrétien et remercier Dieu publiquement d'un succès qu'il attribuait tout entier à sa protection.

Il fut décidé entre lui et l'évêque, Mgr Dordillon, qu'un *Te Deum* serait chanté à Taio-Haë avec toute la solennité possible. Au jour dit, l'amiral, entouré de son état-major en grand uniforme et de presque tout l'équipage de la *Victorieuse,* arrivait au seuil de la petite église toute ornée de fleurs et de drapeaux.

Les habitants, les néophytes massés aux alen-

(1) Récit du commandant Wyts.

tours regardaient avec admiration ces hommes aux costumes étincelants, dont les voix se joignaient à celles des missionnaires, pour remercier leur Dieu dans une langue mystérieuse.

Certes, c'était là un saisissant spectacle que cet acte de foi accompli par une poignée de Français ; un véritable apostolat, dont Mgr Dordillon remercia éloquemment l'amiral : « ... au nom de la mission catholique, de la religion et de l'humanité. »

Ce jour-là, comme aux vieux âges chevaleresques, l'œuvre de Dieu était faite par les Francs ! *Gesta Dei per Francos.*

Le lendemain, la *Victorieuse* appareillait pour l'Amérique, et le 22 décembre elle entrait en rade de Valparaiso où l'attendait l'ordre de rentrer en France.

Si du Petit-Thouars n'eût écouté que ses désirs, ceux de son équipage, il aurait aussitôt remis le cap sur Brest qu'il avait quitté depuis vingt-six mois.

Mais les cris de détresse des habitants de Lima arrivaient jusqu'à lui. L'armée chilienne était aux portes de la ville, la discorde dans son enceinte ; seule, une énergique intervention pouvait sauver ces malheureux du pillage, de l'incendie, de la mort !

La charité parlant plus haut que les intérêts
personnels dans l'âme si profondément chrétienne
de du Petit-Thouars, plus haut que les voix ai-
mées qui rappelaient l'amiral de l'autre côté de
l'Atlantique, la *Victorieuse,* au lieu de cingler
vers les rives françaises, remonta vers le port
péruvien du Callao pour étendre l'ombre protectrice de son pavillon sur nos compatriotes.
Terrifiés par les menaces populaires, ceux-ci
s'étaient enfuis précipitamment de Lima pour se
réfugier en rade du Callao sur des pontons.
Pressés les uns contre les autres, ayant à peine
de quoi manger, ils vivaient depuis plusieurs
jours dans une angoisse perpétuelle lorsque,
soudain, ils virent apparaître à l'horizon la
mâture de la *Victorieuse !*

C'était le salut pour eux et aussi pour les Péruviens.

« La désolation et l'effarement régnaient partout, raconte le commandant Wyts. Lima était
encombrée de blessés et de soldats débandés ; on
y craignait l'arrivée des Chiliens, mais on y craignait aussi la guerre civile. Alors, après y avoir
envoyé nos médecins et nos infirmiers, l'amiral
s'y rendit de sa personne le 14 janvier et s'établit
en permanence à la légation française.

« La situation déjà des plus critiques devint de

jour en jour plus mauvaise encore. L'armée chilienne attaquait par terre de plusieurs côtés à la fois, la canonnade s'entendait chaude et incessante au delà du Callao, des feux de mousqueterie crépitaient par intervalles jour et nuit.

« Le 17 janvier, les torpilleurs chiliens entrèrent à leur tour en lutte contre les forts du Callao. Coups de canon, feux de salve, explosions, incendies éclataient de toutes parts. Des rumeurs vagues circulaient, alarmantes et sinistres. On prétendait par exemple que l'amiral anglais Stirling et le ministre d'Angleterre avaient été assassinés. Et l'amiral du Petit-Thouars était toujours à Lima ! La ville était prise et il y restait encore ! et il ne revint à bord que le 19 janvier, quand Lima put être considérée comme sauve, sauve grâce à lui, en grande partie. »

Cette généreuse intervention faillit même lui coûter la vie.

On disait l'armée chilienne exaspérée par la résistance des Péruviens, et du Petit-Thouars, se souvenant des heures douloureuses du siège de Strasbourg, frémissait à la pensée d'un bombardement ou d'une entrée de vive force.

Il fit partager ses sentiments à l'amiral Stirling, le chef de l'escadre anglaise, et les deux marins décidèrent le ministre plénipotentiaire de la

France et celui de la Grande-Bretagne à les accompagner au quartier général chilien pour obtenir une capitulation acceptable.

Le vainqueur se montra tout d'abord impitoyable. Enfin les instances de du Petit-Thouars lui arrachèrent la promesse que ses troupes entreraient à Lima pacifiquement et qu'une discipline sévère ferait respecter les propriétés et les personnes.

Ces pourparlers diplomatiques n'avaient pas suspendu les combats d'avant-postes ; prévoyant une véritable bataille, les compagnons de du Petit-Thouars rentrèrent à Lima ; au lieu de les suivre, notre héros continua intrépidement son rôle de médiateur, et lorsqu'ayant obtenu gain de cause il songea à reprendre à son tour le chemin de la légation, la mêlée était telle, qu'il n'échappa que par miracle aux balles et aux coups de sabre.

L'intervention de l'amiral fut non moins efficace pour arrêter un soulèvement de la population noire qui menaçait de mettre la ville à feu et à sang. Déjà l'œuvre de destruction est commencée. Du Petit-Thouars, secondé par le commandant de Champeaux, relève le courage des habitants atterrés et, donnant l'exemple, il fait prendre les armes aux résidents français, se met à leur tête et tient en respect les révoltés et les pillards.

Cette chevaleresque attitude donna en Amérique un grand renom à notre marine. Les Péruviens offrirent à leur sauveur une plaque en or, ayant la forme d'une carte de visite, et sur laquelle était gravée une inscription, rappelant l'inoubliable service qu'il leur avait rendu. Les dames de Lima joignirent à ce souvenir un magnifique album, avec une enthousiaste adresse de reconnaissance couverte de signatures.

De son côté, l'ambassadeur d'Angleterre était chargé par son gouvernement de faire transmettre à l'énergique commandant de la station du Pacifique, ses sentiments de gratitude pour les innombrables services qu'il avait rendus aux sujets anglais sur les côtes péruviennes.

Au passage de la *Victorieuse* à Santiago, les résidents français donnèrent un splendide banquet en l'honneur de l'amiral.

Des trophées de drapeaux alternaient avec de grands écussons enguirlandés de lauriers et de myrtes, rappelant les grands noms et les grandes dates de notre vieille marine.

Jean Bart, Duguay-Trouin, Suffren, le malheureux Brueys, faisaient comme un cortège à ce nom de du Petit-Thouars qui étincelait en lettres d'or, évoquant les immortels souvenirs d'Aboukir et de Taïti.

Aboukir, c'était la lutte sanglante, héroïque, comme la légende de Rolland... Taïti, c'était l'intelligente fermeté, l'audacieuse énergie de l'homme de mer et du diplomate.

D'enthousiastes toasts acclamèrent le vaillant héritier de ce nom glorieux qui, à l'heure actuelle, personnifiait sous le ciel de l'Amérique toute une race de dévoués et intrépides serviteurs de la Patrie.

Enfin, les vigies de la *Victorieuse* signalent les côtes françaises et, le 25 mai 1881, la corvette entrait à Brest saluée par les salves joyeuses des canons des forts.

Après quelques semaines d'un repos bien nécessaire, l'amiral fut repris de cette nostalgie du service que connaissent les marins. Le poste de major de la flotte à Toulon allait être vacant; il le demanda et, à la fin de l'année, il prenait en main la direction de notre grand arsenal maritime.

« — C'est un collaborateur précieux qui mérite toute la confiance que je lui témoigne », disait en parlant de lui l'amiral Victor Duperré, alors préfet maritime de Toulon.

En effet, aucun détail du service, aucune branche du matériel n'étaient étrangers à du Petit-Thouars; prévoyant bien qu'il serait appelé un jour ou l'autre à diriger l'un de nos arsenaux, il s'était préparé de longue date à remplir ce poste si important, par de persévérantes et nombreuses études.

Cet homme de guerre qui portait les glorieux stigmates de Sébastopol et de Strasbourg, qui avait fait ses preuves de sang-froid et d'intrépidité en Chine, au Japon, dans les archipels du Pacifique et dans les rues de Lima, savait aussi qu'il faut aux armées des organisateurs actifs, dévoués, toujours en éveil pour assurer le succès à l'heure décisive ; et pendant plusieurs années il se consacra tout entier à ces services administratifs, moins brillants, mais non moins utiles à la France que les croisières lointaines.

Si les unes font connaître et respecter par delà les océans le pavillon national, les autres préparent les différents éléments de notre puissance maritime et assurent la prompte mobilisation de nos forces le jour où il faut défendre et venger l'honneur de ce pavillon.

L'expédition du Tonkin allait donner la mesure des merveilleuses aptitudes de du Petit-Thouars comme administrateur.

Le commandant Rivière, envoyé en 1882 à Hanoï avec une poignée d'hommes, demanda bientôt des secours à la mère-patrie. Les Pavillons Noirs, un instant dispersés, se sont reformés à Bac-Ninh et à Sontay ; ils sont maintenant en marche sur Hanoï, menaçant d'écraser les chrétiens sous leur nombre.

Il faut au plus vite expédier à la petite colonne expéditionnaire des renforts d'hommes, d'armes, de munitions. La plupart des bâtiments destinés à l'expédition du Tonkin arment à Toulon, et tout le poids de cette immense organisation va incomber à du Petit-Thouars, chargé de l'intérim de la préfecture maritime.

La mort tragique du malheureux Rivière, le départ de Courbet pour l'Extrême-Orient lui apportent un surcroît de travail, mais son ardent patriotisme surexcite ses forces. Son intelligence, son activité semblent grandir avec les circonstances. Il donne ses ordres avec une précision, une méthode qui fait accomplir des miracles à son personnel, électrisé par la flamme de dévouement et de zèle qui dévore son chef.

Au mois de septembre 1883 le ministre de la marine félicitait publiquement du Petit-Thouars « de l'énergique direction qu'il a su imprimer à l'armement et à l'expédition des navires. »

Quelques semaines plus tard, le 31 décembre, il lui conférait le grade de vice-amiral, juste récompense des multiples services que le marin venait de rendre à la Patrie.

CHAPITRE XIV

En quittant Toulon, du Petit-Thouars vint à Paris, non pour s'y reposer du rude labeur de ces deux années, mais pour travailler encore au service du pays.

Dès les premiers jours de 1884 il est au ministère, présidant à la réorganisation du service des défenses sous-marines.

Par une étrange coïncidence, ce service, créé

en 1866 sous l'inspiration de Napoléon III, comptait parmi ses premiers organisateurs : l'amiral Fourichon, l'oncle de du Petit-Thouars, et un de ses plus chers camarades, le capitaine de frégate Courbet.

L'amiral Fourichon dormait maintenant son dernier sommeil; quant à Courbet, il était depuis un an dans les mers de Chine, ramenant dans les plis de son pavillon la victoire si longtemps infidèle à la France.

A la fin de l'année, une fête de famille venait éclairer le paisible et heureux foyer de du Petit-Thouars. Le 4 novembre 1884 la fille aînée de l'amiral épousait un jeune officier de beaucoup d'avenir, le lieutenant de vaisseau Ronin.

Le mariage fut célébré à la Madeleine au milieu d'une affluence nombreuse, empressée de témoigner sa sympathie au vaillant défenseur du pays, à l'énergique chrétien, à l'homme de cœur toujours prêt à se mettre au service de tous avec un infatigable dévouement.

Du Petit-Thouars quitta la présidence de la Commission des défenses sous-marines pour passer quelques semaines au Conseil des Travaux, puis il fut nommé à la préfecture maritime de Cherbourg.

« Placé aux avant-postes de notre front de mer,

à quelques heures des côtes anglaises, à deux jours des arsenaux de l'Allemagne, Cherbourg était destiné en cas de conflit à recevoir les premiers efforts de l'ennemi.

« La science moderne, qui a su décupler la portée des bouches à feu, rendait à peu près illusoires les travaux que le génie de Napoléon avait au début du siècle accumulés à l'entrée des passes qui conduisent au mouillage.

« Aussi l'étude des palliatifs qui pouvaient renforcer ce point faible de notre défense était pour du Petit-Thouars un sujet de préoccupations anxieuses (1). »

Dès son arrivée il se mit donc activement à l'œuvre, étudiant tous les abords de la côte pour établir un système de postes de torpilleurs et d'observatoires sémaphoriques, qui permettraient en cas de guerre de tenir l'ennemi au large.

Depuis longtemps les questions d'artillerie n'avaient plus de secrets pour du Petit-Thouars.

Tour à tour détaché aux batteries de siège devant Sébastopol; chargé du commandement d'une canonnière dans l'Adriatique, lors de la guerre d'Italie, et d'une partie de la défense de Strasbourg, à l'heure douloureuse de l'invasion; officier-

(1) Amiral Humann.

instructeur à l'école de canonnage qu'il devait plus tard diriger d'une main si ferme et si habile; l'actif marin avait acquis dans ces différents postes une expérience et une autorité incontestables qui vont lui permettre de faire exécuter de très importants travaux de défense.

Ces travaux n'étaient pas encore achevés, quand le reflux d'une tempête parlementaire enleva l'amiral à son poste de Cherbourg et le porta à Toulon.

A la suite d'une crise ministérielle le portefeuille de la marine avait été confié à l'amiral Aube, qui s'empressa d'inaugurer son arrivée au pouvoir par de nombreux changements administratifs.

Ce ne fut pas sans un certain regret que du Petit-Thouars abandonna l'œuvre commencée; pour s'y résigner il lui fallut, comme toujours, voir dans l'ordre qui lui était donné la manifestation de la volonté divine.

C'est le grand mobile de sa vie... « Tout est préoccupation quand on songe à sa personnalité. Tout est simple quand on s'en remet à la volonté divine », répétait-il souvent... « Tout est difficile sans Dieu, tout est aisé avec lui. »

C'est grâce à de telles pensées que le caractère si vif, si ardent de du Petit-Thouars se pliait sans une plainte à toutes les exigences de la discipline, aux multiples ennuis de déplacements onéreux et fatigants ; il ne retrouvait son impétuosité naturelle que si l'honneur, les intérêts de la Religion ou de la Patrie étaient en jeu : alors sa physionomie se transfigurait, sa voix devenait plus vibrante, et les plus incrédules, les plus hostiles, étaient obligés de s'incliner devant cette foi si vive, si sincère, qui n'admettait aucuns compromis.

En 1886, les approches de la Fête-Dieu étaient une cause de grandes préoccupations à la préfecture de la Manche. Le vice-amiral a suivi l'année précédente les processions de Cherbourg en uniforme, un cierge à la main, au grand scandale des libres-penseurs de la contrée. On veut empêcher ce scandale de se renouveler et on députe vers du Petit-Thouars le sous-préfet de Cherbourg.

Obéissant à l'ordre donné, celui-ci se fait annoncer un matin chez le préfet maritime. Très hésitant, très troublé, car il connaît mieux que son chef l'indomptable caractère de l'amiral, le malheureux fonctionnaire met en jeu toute sa diplomatie pour faire comprendre à du Petit-Thouars que sa présence en costume d'officier général à une cérémonie religieuse à peine tolérée, lui donne un caractère blessant pour certaines personnalités politiques du département, et que l'administration espère qu'il voudra bien s'abstenir d'y prendre part...

— Est-ce que le bon Dieu a baissé d'un cran, cette année ? interrompit ironiquement l'amiral.

A cette question imprévue, le sous-préfet balbutie, ne sachant trop que répondre.

Sans lui laisser le temps de reprendre sa harangue conciliatrice, du Petit-Thouars se lève et, d'un ton qui n'admet pas de réplique :

« — Je ne sais si le bon Dieu est en baisse à la préfecture de Saint-Lô, mais, à mes yeux, il est toujours le Souverain Maître du monde, et je me ferai un honneur d'escorter le Saint-Sacrement comme l'année dernière. »

Cette malencontreuse démarche fut-elle connue dans la colonie maritime de Cherbourg ?... Toujours est-il que quelques jours après, on voyait à travers les rues enguirlandées passer tout un brillant état-major dont les épaulettes, les galons et les sabres étincelaient au soleil, à la suite des costumes sacerdotaux.

Dominant la foule de sa haute taille, l'amiral marchait pieusement recueilli. Les plumes blanches de son chapeau de commandant en chef ondoyaient sous la brise. Comme le légendaire panache du roi Henry IV, elles ralliaient autour

d'elles les intrépides gardiens de l'honneur français, les vaillants soldats du Christ méconnu et
insulté.

De tels caractères savent fièrement affirmer
leurs amitiés aussi bien que leur foi.

Du Petit-Thouars était à peine installé à Cherbourg, quand arriva la nouvelle de la mort de
l'amiral Courbet. La hâtive publication des lettres
du vainqueur de Fou-Tchéou et de Sontay faisait
de ce héros l'ennemi du gouvernement; cependant
le préfet maritime ne craignit pas d'écrire aussitôt
au ministre, pour demander l'autorisation de
faire célébrer un service solennel pour son ancien
camarade.

Depuis la longue campagne de la *Capricieuse,*
une étroite affection avait constamment uni les
deux marins, dont les âmes étaient si bien faites
pour se comprendre, et, en plus d'une occasion,
du Petit-Thouars, si favorisé par son nom et
par les circonstances, avait aplani à son ami
Courbet les difficultés d'une carrière obscuré-
ment commencée et qui devait s'achever dans
une apothéose.

Mais les croyants comme du Petit-Thouars
veulent, pour les âmes disparues, autre chose que
des phrases plus ou moins sonores prononcées
devant un cercueil; ils savent que le devoir de

l'amitié ne s'arrête pas à la tombe, et c'est pourquoi la première pensée du préfet maritime fut de
demander les prières de l'Eglise pour celui qui
venait de s'éteindre là-bas à l'heure du triomphe,
ainsi que pour les soldats et marins morts sous
ses ordres.

Le ministre n'osa pas refuser la permission, et,
le 27 juin 1885, un service solennel réunissait,
dans un même pieux souvenir, tous les marins
présents à Cherbourg.

Ce furent les premières prières qui montèrent
publiquement de la terre de France vers Dieu, en
faveur des vaillants tombés sur de lointains océans
pour défendre l'honneur du drapeau français, la
cause de la civilisation chrétienne.

Au mois d'octobre 1886, du Petit-Thouars prenait possession de la préfecture maritime de
Toulon.

« L'importance exceptionnelle du port de
Toulon, dit l'amiral Humann, résulte de la multi-
plicité des intérêts auxquels il doit satisfaire.
L'escadre y trouve ses approvisionnements et s'y
répare. Les colonies de l'Extrême-Orient lui
demandent le ravitaillement, enfin les nombreux
navires qui sortent des chantiers environnants y
pratiquent leurs essais.

« Cet incessant mouvement maritime impose

au chef de l'arsenal un labeur quelquefois écrasant et l'application soutenue de ressources que peut seul procurer un esprit inventif.

« Du Petit-Thouars fut en tous points à la hauteur de sa tâche. Sans cesse sur la brèche, peu ménager de sa santé et de ses veilles, il ne demandait le repos de l'esprit qu'aux joies de l'intérieur, entouré d'enfants dont il trouvait encore le loisir de surveiller l'éducation et d'une compagne qui, alors comme toujours, demeurait son appui le plus sûr dans les différentes étapes de la vie. »

A la suite de manœuvres d'ensemble, et d'armements de navires exécutés sous ses yeux, l'amiral Krantz multipliait les éloges pour « l'homme d'action qui a bien fait partout où il a été employé. »

Dans les premiers jours de 1887, un accident survenu au sortir du port, à l'*Iphigénie*, acheva de mettre en lumière toute la valeur du préfet maritime, et les archives de la marine conservent la lettre élogieuse adressée à cette occasion par le ministre.

« Votre rapport sur l'incident de l'*Iphigénie*, écrivait, le 6 mars, l'amiral Aube, n'a pu, dans sa mâle simplicité et j'ajoute dans sa modestie, me cacher les hautes qualités d'intrépidité et de décision qu'une fois encore vous avez montrées dans des circonstances dont tout marin apprécie la gravité.

« C'est grâce à elles que l'*Iphigénie* a pu être conduite au bassin et sauvée. J'accomplis un devoir qui m'est un légitime sujet de fierté à vous exprimer toutes mes félicitations. »

Le 19 octobre 1888, le vice-amiral Bergasse du Petit-Thouars quittait la préfecture maritime pour prendre le commandement de l'escadre d'évolutions de la Méditerranée, le plus beau commandement en temps de paix.

Il arbora son pavillon sur le vaisseau cuirassé *le Colbert*, et choisit comme chef d'état-major le capitaine de vaisseau de Maigret, qui avait fait ses preuves d'intelligence et de courage dans les mers de Chine, à côté de Courbet.

La campagne du Pacifique avait été pour du Petit-Thouars une véritable préparation à ce commandement de l'escadre d'évolutions.

La guerre entre le Chili et le Pérou le fit assister à plusieurs engagements des deux flottes. Depuis la bataille de Lissa, en 1866, il n'y avait pas eu de combats navals, et les simulacres exécutés par les escadres des grandes nations maritimes étaient insuffisants pour donner une idée absolument exacte de la valeur et de la portée des engins d'attaque et de défense. La guerre américaine

avait donc été pour du Petit-Thouars une pré-
cieuse source d'observations, que son actif et
intelligent patriotisme allait maintenant utiliser.

Dans la pensée de l'amiral « une escadre, pour
répondre à sa mission, doit pouvoir passer du pied
de paix sur le pied de guerre, sans transition et
sans apprentissage à faire faire soudain au personnel. Il pensait qu'avec un instrument aussi
compliqué qu'un cuirassé moderne, tout ce qui
n'a pas été prévu et réglé par avance peut devenir au moment du combat une cause de désarrois
funestes (1). »

Il tenait donc l'escadre constamment en haleine,
par un entraînement de tous les instants, afin
de la rendre prête à remplir au premier signal
son rôle d'avant-garde.

Comme tous les vrais chefs, du Petit-Thouars
descendait dans les plus petits détails du service;
il voyait à tout, s'occupait de tout, avec cette
sollicitude qui lui était habituelle et dont il trouvait le secret dans cet amour de la Patrie, qui,
après Dieu, était le grand mobile de sa vie.

A bord de l'escadre qu'allait diriger l'amiral, se
trouvait toute une pléiade d'officiers d'élite, entre
autres : le contre-amiral Devarenne, les capitaines

---

(1) *Le vice-amiral Bergasse du Petit-Thouars, sa vie militaire*, par
M. Henry Durassier.

de vaisseau Sallandrouze de Lamornaix, d'Abel de Libran, Rallier du Baty, le capitaine de frégate Jauréguiberry, le fils de l'intrépide vice-amiral qui, dix-huit ans auparavant, s'était couvert de gloire à l'attaque du château de Villepion, la veille de l'inoubliable bataille de Patay.

Cependant, malgré la vigilance de tous, malgré l'attentive sollicitude de l'amiral, un triste accident vint attrister les débuts de son commandement.

Le 12 décembre, l'enseigne de vaisseau Bernard de Nanteuil et cinq matelots de l'équipage de l'*Amiral Duperré* furent tués dans une manœuvre.

Du Petit-Thouars en eut un profond chagrin, car il aimait les marins qui servaient sous ses ordres avec une tendresse toute paternelle. Il présida aux funérailles de ces victimes du devoir et, en face de leur tombe entr'ouverte, il prononça un discours dont l'émouvante simplicité trahit sa foi chrétienne, son patriotisme et la grande bonté de son cœur.

« La mort a fauché parmi nous !... La terre va recouvrir les débris mutilés de nos camarades du *Duperré,* la mer a déjà englouti les autres et tout serait fini pour ceux que nous avons aimés, si l'homme n'avait un cœur et une âme.

AMIRAL FOURNIER

« Le cœur ! ah ! il saigne, il est déchiré chez nous par cette brutale séparation... mais il ne gardera que plus fidèlement leur souvenir et il honorera leur mémoire.

« Leurs âmes à eux ! ah ! il suffit de jeter un regard sur cette croix qui va abriter leurs restes, de se rappeler qu'ils ont trouvé la mort dans l'accomplissement de leur devoir, pour sentir qu'elles se sont envolées vers Dieu et qu'elles y reposent en paix.

« En rentrant à bord ce soir, mes garçons, nous chérirons davantage ces planches sacrées qui portent le pavillon de la France, ces planches qui viennent d'être arrosées de leur sang généreux.

« La France se souviendra d'eux et les noms de Nanteuil, de Jaffrès, Petton, Porcher, Vauquier, Gneau se graveront à côté de ceux qui sont morts pour leur pays ; morts... pour vivre toujours !... »

« Les intéressantes évolutions qui marquèrent le printemps de 1889, dit l'amiral Humann, donnèrent la mesure du degré de cohésion que l'amiral avait su introduire dans cette importante force navale. »

Action combinée de l'armée et de la marine, surprises et reconnaissances du temps de guerre, blocus et défense des côtes, tel était le programme que les divisions de l'escadre exécutèrent sous la haute direction du vice-amiral du Petit-Thouars avec ce merveilleux entrain, cette flamme d'enthousiasme que les véritables chefs d'armée savent communiquer à leurs troupes.

Le petit-neveu du héros d'Aboukir était chef d'armée dans la plus haute acception du mot.

Très travailleur et supérieurement doué au point de vue intellectuel, il possédait tous les secrets de nos forces navales, avait l'intuition de la stratégie, cette science qui ne s'apprend guère et qui décide du sort des batailles ; enfin, et surtout, il puisait dans une foi très vive et très forte « la notion précise du devoir, quelque complexe qu'il fût, et le sentiment d'une responsabilité qui grandissait avec sa situation. »

Dans les premiers jours de l'année 1890, le chef de l'escadre d'évolutions dut se séparer du commandant de Maigret, appelé à faire partie de la maison militaire du Président de la République. Pour le remplacer à la tête de son état-major, il choisit le capitaine de vaisseau Ernest Fournier, un des héros de la sanglante affaire du Bourget en 1870 et le signataire du traité de Tien-tsin en 1884.

Le grand nombre de bâtiments réunis sous le

pavillon de l'amiral du Petit-Thouars donnait une importance extrême à ce poste, toujours si difficile à remplir, de chef d'état-major général.

Deux divisions, sous les ordres des contre-amiraux Alquier et O'Neill, vont évoluer sur la Méditerranée.

Ces divisions se composent de huit cuirassés d'escadre ou de croisière : le *Trident*, le *Vauban*, l'*Amiral Baudin*, l'*Amiral Duperré*, le *Courbet*, le *Redoutable*, le *Bayard* et le *Duguesclin*, commandés par les capitaines de vaisseau Boulineau, Moye, Mathieu, Ménard, Pottier, Dieulouard, Le Borgne de Kerambosquer et Bienaimé ; des croiseurs *Seignelay*, *Milan*, *Forbin*, *Vautour*, commandés par le capitaine de vaisseau Escandre et les capitaines de frégate Ferrand, Roberjot, Fauque de Jonquières. Les lieutenants de vaisseau Aubert, Baudry Lacantinerie, Sellier, Nicolas, Champanhac et Senès commandaient les avisos-torpilleurs *Dragonne*, *Dague*, *Ouragan*, *Agile* et les torpilleurs 126 et 127.

Quant à l'amiral en chef, il vient de quitter le *Colbert*, qui a besoin de réparations, pour arborer son pavillon sur le cuirassé *le Formidable* que commande le capitaine de vaisseau Gigon.

Il avait été décidé que cette magnifique escadre irait pendant l'été visiter les Echelles du Levant pour renouer la séculaire tradition de notre protectorat sur les chrétiens de Syrie.

Depuis déjà plusieurs années, nos escadres ne s'étaient pas montrées sur les côtes d'Asie. Une plus longue absence risquait de compromettre à tout jamais notre influence parmi ces populations orientales, pour lesquelles le nom de *Francs* conserve encore une sorte de prestige.

Les excellents souvenirs laissés par du Petit-Thouars à Constantinople, lorsqu'il y commandait le stationnaire *l'Ajaccio,* devaient lui rendre plus facile qu'à tout autre cette mission demi-militaire et demi-diplomatique.

Mais, avant de mettre le cap sur l'Orient, l'escadre va escorter le président Carnot dans son voyage en Corse, et cet incident va être pour l'amiral en chef l'occasion d'un éclatant acte de foi.

Le Président est venu à bord du *Formidable* avec sa maison militaire et les ministres qui l'accompagnent, pour assister aux manœuvres de l'escadre. Les exercices sont terminés, le soleil descend rapidement à l'horizon, mettant de grandes traînées d'or et de pourpre sur les vagues bleues qui clapotent autour des vaisseaux. Tout à coup, un roulement de tambour se fait entendre. C'est l'heure de la prière du soir.

Du Petit-Thouars, qui causait avec animation,

s'arrête aussitôt et se découvre. Le Président, les états-majors, les ministres, saisis par l'expression de respect et de foi religieuse qui se lit sur son visage, suivent son exemple et écoutent, silencieux et recueillis, la voix grave de l'aumônier qui s'élève du gaillard d'avant.

Après les fêtes officielles, les fêtes de famille seront encore pour du Petit-Thouars une occasion d'affirmer hautement sa foi.

Le 8 mai 1890, le *Formidable* avait de nouveau sa toilette d'apparat, à l'occasion du mariage de la seconde fille de l'amiral avec l'un des officiers les plus distingués de la jeune marine, l'enseigne de vaisseau de Rocca d'Huyteza, qui faisait alors partie de l'équipage du *Trident*. Tous les personnages officiels de Toulon sont réunis dans la grande salle du *Formidable,* resplendissante de lumières, toute enguirlandée de feuillages et de fleurs. On va se mettre à table. L'amiral s'adressant alors à l'aumônier de l'escadre, l'abbé Kerrach :

— Monsieur l'aumônier, lui dit-il, veuillez nous dire le *Benedicite*. Et, de cette main qui tient si haut et si ferme l'épée de la France, l'intrépide officier trace sur son front et sur sa poitrine le signe de la croix comme le plus fervent des religieux.

Le lendemain du mariage de sa fille, du Petit-Thouars et son chef d'état-major le commandant Fournier partaient pour Paris, chercher les dernières instructions du gouvernement relativement aux affaires d'Orient. Le 13 au soir, ils rentraient à Toulon et étaient reçus par la famille du Petit-Thouars.

Si court qu'ait été son séjour à Paris, l'amiral a pris le temps de serrer la main du comte de Gauville, le fils d'adoption de son oncle l'amiral Abel du Petit-Thouars. Nul pressentiment n'attrista l'adieu de ces amis d'enfance qu'attachait l'un à l'autre une affection fraternelle, et la dernière parole de l'amiral fut un joyeux au revoir !...

Mais le souverain Maître de la vie et de la mort en avait décidé autrement. La moisson de l'infatigable serviteur de Dieu et de la France était achevée, l'heure de l'éternel repos allait sonner pour lui !...

Tout aux effusions du retour et aux préoccupations de la mission importante qu'il avait reçue du gouvernement, l'amiral veilla fort tard et se coucha fatigué et fiévreux... Il dormit mal et s'éveilla le lendemain matin avec d'atroces douleurs de tête.

Malgré ses souffrances, l'énergique marin voulut se lever pour rejoindre son bâtiment. Il prit

la dose habituelle d'une potion d'aconit qui lui
avait été ordonnée depuis une atteinte d'influenza
dont il n'était pas encore remis... Presque aussitôt
il se sentit défaillir et eut la prescience que la
mort allait le frapper...

— Un prêtre !... un médecin, dit-il à Mme du
Petit-Thouars.

Dans ce moment suprême, la pensée du service
n'abandonne pas l'amiral... En toute hâte, il
envoie son ordonnance chercher le chef d'état-
major de l'escadre, le commandant Fournier, avec
l'ordre de se presser, car il est au plus mal.

Il était sept heures du matin. Le commandant
arriva un quart d'heure après ; il trouva l'amiral
étendu immobile sur son lit et près de lui Mme du
Petit-Thouars dans une douleur indescriptible.

Le commandant fit aussitôt prévenir l'amiral
Duperré à la préfecture maritime, l'amiral Alquier
en escadre, et enfin le ministre, par un douloureux télégramme, annonçant la catastrophe !...

Le prêtre eut le temps de donner une dernière
absolution à ce chrétien qui avait fait du devoir
la règle de toute sa vie ; mais le médecin arriva
trop tard pour essayer de le sauver.

Ce fut donc sa compagne dévouée qui seule
recueillit ces dernières paroles telles qu'elle les
a rapportées depuis :

— Embrassez-moi, ma chère femme, murmura-t-il. Ce qui arrive n'est la faute de personne. C'est Dieu qui le veut, et ce que Dieu fait est bien fait...

Sublime *Sursum corda* qui résumait toute la vie de Bergasse du Petit-Thouars.

Un souffle s'échappa de ses lèvres entr'ouvertes... Ses traits contractés par l'agonie se détendirent... Tout était consommé!... Le juste qu'une mort presque subite, mais non imprévue, venait de frapper, allait recevoir la récompense d'une vie donnée tout entière à Dieu et à la Patrie!...

CHAPITRE XV

Dès que l'amiral eut rendu le dernier soupir, la grande voix des canons du *Formidable* se fit entendre. Sinistre glas que la brise emporte au loin et que répercutent les échos de la rive.

Des canots sont immédiatement mis à la mer pour porter aux vaisseaux de l'escadre, aux autorités de Toulon, la nouvelle de cette mort foudroyante.

Ce fut un deuil général : non seulement parmi les officiers de marine qui avaient, comme l'a si bien dit l'amiral Humann, « le sentiment de sa valeur et saluaient en lui, sans mesquine jalousie, le chef énergique et respecté de qui le pays pouvait beaucoup attendre » ; non seulement parmi les équipages, où son esprit de justice, sa constante sollicitude, lui avaient acquis une popularité considérable, mais dans le monde militaire et civil aussi bien que dans tout le personnel qu'il avait eu sous ses ordres comme major de la flotte et comme préfet maritime. Tous évoquaient sa parfaite courtoisie, sa chevaleresque loyauté.

Le clergé regrettait ce chrétien exemplaire, dont la vie était la plus éloquente des prédications ; les humbles et les pauvres pleuraient l'homme de bien dont le dévouement et la charité savaient aplanir leurs difficultés, alléger leurs misères...

Mais cette mort soudaine faisait verser des larmes bien autrement amères... Elle brisait une union de vingt-six ans, dont aucun nuage n'avait jamais altéré la sérénité... elle atteignait en plein cœur de malheureux enfants qui avaient pour leur père un véritable culte.

L'amiral laissait trois filles et un fils auquel il avait donné le nom d'Aristide, en souvenir du héros d'Aboukir.

Le jeune homme était alors au *Borda*, se préparant avec ardeur à continuer les glorieuses traditions de sa famille. Il avait pour son père ce tendre respect, cette affectueuse confiance, cette naïve admiration, qui sont la suprême récompense du devoir paternel bien rempli.

Plus grande était l'affection, plus cruelle allait être l'épreuve de cette séparation inattendue. Mais si la main de Dieu s'appesantit parfois lourdement sur ses créatures, elle ne les écrase jamais.

Près de toutes les blessures il y a le baume qui les cicatrise. A côté de toutes les croix se dressent une consolation et une espérance.

Il appartenait au commandant du *Borda* d'alléger, par son intelligente sympathie, le poids douloureux sous lequel pliait le jeune marin.

A la tête du vaisseau-école se trouvait alors le marquis de Courthille, un des héroïques défenseurs du fort de Montrouge. Le capitaine de vaisseau partageait les croyances, l'énergie et le patriotisme de l'amiral Bergasse du Petit-Thouars, dont il était un des admirateurs et des amis.

La désastreuse nouvelle de sa mort inattendue l'affligea profondément. Mais il avait un triste devoir à remplir, et, dominant son émotion, il mit toutes les délicatesses de son âme, toute l'éloquence de sa foi, pour préparer son élève au coup terrible qui le frappait au seuil de sa jeunesse, à l'heure où la vie semble n'avoir que de radieux enchantements...

Les yeux rouges de larmes, le cœur broyé, le jeune Bergasse du Petit-Thouars partit en hâte pour Toulon, accompagné dans ce cruel voyage par le lieutenant de vaisseau de Préville, un des aides de camp de son père.

L'orphelin espérait encore le douloureux bonheur de revoir le cher visage qui ne devait plus lui sourire... de poser sur son front cette main inerte qui jadis s'y appuyait si souvent dans une caressante bénédiction... Mais il y a loin de Brest à Toulon... et cette suprême consolation lui fut refusée...

A peine descendu de chemin de fer, brisé de fatigue et d'émotion, l'héritier du nom glorieux des du Petit-Thouars allait conduire l'inoubliable deuil !...

A neuf heures, le cortège se mit en marche pour se rendre à l'église où devait être célébré le service solennel.

Les cloches de la cathédrale mêlaient leurs lugubres sonneries aux sinistres salves des canons, aux funèbres roulements des tambours voilés de crêpes.

Un drapeau tricolore recouvrait le cercueil. Les cordons du poêle étaient tenus par les vice-amiraux Duperré, Krantz, Garnault et le général Japy, commandant en chef le 11ᵉ corps d'armée.

Les sous-officiers du *Formidable* entouraient

le char funèbre. A quelques pas en arrière,
un adjudant et des matelots portaient les déco-
rations du défunt et de splendides couronnes
envoyées de tous côtés comme un suprême
hommage.

Une foule immense, pieusément recueillie,
suivait le fils et le gendre de l'amiral (1).

Les troupes de la garnison, les compagnies de
débarquement fermaient la marche.

Au milieu de ces pompes officielles si banales
dans leurs splendeurs, on sentait passer un souffle
de véritable regret, de sincère admiration pour
celui qui en était l'objet.

Sur tout le parcours du cortège, les marins
formaient la haie et les yeux de beaucoup de ces
rudes hommes se remplissaient de larmes en
saluant pour la dernière fois leur amiral.

Mgr Oury, l'évêque de Fréjus et de Toulon,
entouré d'un nombreux clergé, attendait au seuil
de la cathédrale les dépouilles mortelles du vaillant chrétien, qui, sans doute, avait déjà reçu
l'éternelle récompense, dont nous ne pouvons en
ce monde apprécier l'ineffable grandeur.

Ancien aumônier de la marine, Mgr Oury avait

---

(1) Le mari de la fille aînée de l'amiral, le lieutenant de vaisseau
Ronin, était en ce moment à bord de la *Naïade*, en rade de Kotonou,
au Dahomey.

une affection particulière pour du Petit-Thouars. Il n'était pas à Toulon au moment de sa mort; mais, à la première nouvelle de cette catastrophe inattendue, il interrompit sa tournée de confirmation et revint en hâte présider aux funérailles de l'amiral.

« Les liens qui me rattachent à la grande famille maritime m'en faisaient une obligation, écrit très simplement Mgr Oury au ministre de la marine, et il était bien juste que je vinsse apporter au défunt et à tous ceux qui le pleurent le témoignage de ma sympathie et de mes regrets. »

Le corps de du Petit-Thouars ne devait pas rester à Toulon; il allait reposer bien loin de la mer bleue et du ciel de Provence, dans ce Vendômois où il était né, où il aimait à revenir au milieu des siens, pour retrouver ses souvenirs d'enfance et jouir paisiblement des douces joies familiales sans aucune obligation officielle.

Quand Mgr Oury eut donné les dernières absoutes, le cortège se mit en marche vers la gare; c'est là que les amis, les camarades de l'amiral devaient lui adresser un suprême adieu.

Le vice-amiral Charles Duperré, que tout bas on désignait comme devant remplacer du Petit Thouars au commandement de l'escadre, prit le premier la parole. Très ému, il rappela la vie de ce vaillant et infatigable serviteur, qui, depuis près d'un demi-siècle, avait consacré au pays toutes les forces vives de son intelligence et de son cœur avec une activité, un zèle, un dévouement sans égal.

Le contre-amiral Alquier ajouta quelques mots à ces éloges, évoquant le souvenir de la force de caractère, de l'admirable grandeur morale, des aptitudes exceptionnelles du chef incomparable que venait de perdre la marine. Enfin, le commandant Fournier, le chef d'état-major général de l'escadre, vint à son tour interpréter les sentiments de regrets de ses camarades et adresser un éloquent adieu au soldat d'élite qui repose pour toujours sous ce pavillon national, qu'il avait tenu si haut et si ferme à travers le monde.

« C'est pour moi, messieurs, dit d'une voix vibrante d'émotion le commandant Fournier, un pieux, mais bien douloureux devoir de rendre hommage à la dépouille mortelle de mon chef bien-aimé, au nom de la famille éplorée et des officiers de son état-major général qui lui étaient si dévoués et qu'il couvrait de son côté d'une si touchante sollicitude...

« Son épée est maintenant rivée au fourreau, désormais impuissante à défendre la Patrie, et les poignées de nos sabres en portent le deuil !

« La mort impitoyable a surpris le vaillant
soldat loin du champ de bataille qu'il étudiait
sans répit dans sa vigilance patriotique ; mais
ceux qui ont vu de près à quels incessants et
rudes labeurs il usait ses forces pour accumuler
sur nos bâtiments de combats tous les matériaux
de la victoire, savent qu'il est tombé de fatigue
sur la brèche !

« Il nous reste, du moins, comme un pieux
dépôt les hauts enseignements de ce preux d'un
autre âge, toujours à la veillée des armes, de ce
chef dévoué qui, malade et blessé en quittant
Strasbourg, voulut partager d'étape en étape les
souffrances et les privations de ses plus humbles
compagnons de captivité pour les défendre encore
après la défaite contre leurs vainqueurs.

« Il nous reste, enfin, l'espérance que le jeune
héritier de ce nom glorieux fera revivre parmi nous
les nobles traits de son père, l'homme de bien, le
croyant et le vaillant sans tache que la mort vient
d'enlever à l'estime de tous, à la tendre affection
de sa compagne dévouée et de ses enfants, en
les jetant si cruellement des joies de la veille dans
le deuil et dans les larmes !... Adieu, Amiral !... »

Une dernière fois les tambours battirent aux
champs, les marins présentèrent les armes, puis

le wagon funèbre se referma lourdement... tout
était fini ici-bas pour le vice-amiral Bergasse du
Petit-Thouars !...

C'est dans le petit cimetière du village de
Villiers que repose maintenant, côte à côte avec
de pauvres paysans, le brillant aide de camp
des ministres de la marine, l'habile capitaine
qui conduisait les vaisseaux de la France à
travers les océans, l'intelligent diplomate qui
faisait respecter sa patrie à Constantinople et
au Japon, l'intrépide soldat de Sébastopol et de
Strasbourg, l'énergique protecteur des prisonniers de Rastadt et des habitants de Lima... Il
repose là, au milieu d'obscurs villageois qui
n'ont jamais eu d'autres horizons que le clocher
de leur église, les champs et les bois de leur
terre natale.

Sa tombe, près de laquelle prie et pleure la
compagne vaillante et dévouée de sa vie, est
presque aussi modeste que celles de ces humbles,
au milieu desquels l'amiral a voulu attendre le
jour de l'éternelle résurrection, où, répondant
comme Sonis à l'appel du Maître, il dira : *Miles
Christi !*

ÉPILOGUE

Deux mois à peine après la mort de du Petit Thouars, dans ce Juilly où il avait si bien appris à être *Chrétien et Français,* un oratorien, le P. Lallemand, redisait avec une éloquente émotion les principaux épisodes de cette vie toute remplie par l'amour du devoir.

Presqu'en même temps, la *Revue maritime* publiait une intéressante étude sur la vie militaire de l'amiral, par M. Henry Durassier. L'année suivante un de ses plus chers camarades, le contre-amiral Humann (1), faisait à son tour revivre cette belle mémoire.

Puis, dans le sillage de ces grandes évocations, surgissaient mille souvenirs de parents, d'amis, de frères d'armes, d'inconnus parfois, qui avaient entrevu le marin et conservaient l'ineffaçable impression de son caractère si énergique et si loyal.

---

(1) Nommé, au commencement de 1893, commandant en chef de nos forces navales en Extrême-Orient. C'est aux mains vaillantes de l'amiral Humann que furent confiés l'honneur et les intérêts de la France menacés en Indo-Chine par les intrigues de la Cour de Siam.

Mais la mer ne garde pas la trace du navire qui a entr'ouvert ses flots, et le temps, de son aile inconsciente, a vite effacé l'éclatant rayonnement des vies disparues... C'est pourquoi, nous avons voulu réunir tous ces documents épars, tous ces échos fugitifs, avant que le tourbillon de nos existences fiévreuses ne les ait engloutis.

Nous nous sommes mis à l'œuvre consciencieusement, encouragé, soutenu, aidé par les anciens camarades de Bergasse du Petit-Thouars, par les missionnaires qui l'avaient connu en Orient, en Océanie, en Allemagne, sur nos vaisseaux, dans nos ports et qui gardaient au cœur le souvenir de sa foi et de sa charité ; par les enthousiastes admirateurs de cette vie si droite et si chrétienne ; par les amis intelligents et dévoués que l'amiral avait au ministère et qui ont bien voulu, avec une complaisance dont nous ne saurions assez les remercier, éclairer nos recherches, faciliter nos renseignements et nous permettre de donner à la jeunesse française l'histoire de trois générations de marins entièrement consacrés au devoir et à la Patrie !

Puissent ces beaux exemples ranimer dans les âmes cette belle flamme de l'amour enthousiaste et passionné de Dieu et de la France, qui met une si éblouissante auréole autour du nom des du Petit-Thouars !

TABLE DES MATIÈRES

Bar-le-Duc. — Impr. de l'Œuvre de Saint-Paul. — 655,93.

BIBLIOTHÈQUE HISTORIQUE & LITTÉRAIRE

Ecrits pour tous les âges, mais plus spécialement pour la jeunesse de nos jours, les ouvrages de la présente *collection* sont aussi irréprochables pour le fond que *soignés* au point de vue de la *forme littéraire*. Tous n'ont qu'un seul but, quoique les sujets en soient variés : **FAIRE AIMER LA RELIGION ET LA FRANCE**, en un moment où l'esprit de foi et de patriotisme, battu en brèche par la Révolution, tend à s'affaiblir, sinon à disparaître, pour le malheur de notre pays.

Campagnes contemporaines de l'armée française depuis 1830 jusqu'à nos jours. — 9 beaux volumes in-8 ornés chacun de huit portraits hors texte et se vendant séparément :
Prix du volume . . . . 5 fr. »
Franco . . . . 5 fr. 50

LES FRANÇAIS EN AFRIQUE. — **Récits algériens**, par E. Perret, ancien capitaine de zouaves. Ouvrage adopté par le Ministère de la guerre pour les bibliothèques de garnison. — 4e édition. — 1re série (1830-1848). — Un beau volume in-8 orné de huit portraits hors texte.
Prix. . . . . 5 fr. »
Franco . . . . 5 fr. 50
4e édition. — 2e série (1848 à nos jours). — Un beau volume in-8 orné de huit portraits hors texte.
Prix. . . . . 5 fr. »
Franco . . . . 5 fr. 50

LES FRANÇAIS EN ORIENT. — **Récits de Crimée (1854-1856)**, par E. Perret, ancien capitaine de zouaves. — Un beau volume in-8 orné de huit portraits hors texte, 2e édition.
Prix. . . . . 5 fr. »
Franco . . . . 5 fr. 50
Ouvrages adoptés par le Ministère de la guerre pour les bibliothèques de garnison.

CAMPAGNE DE 1859. — **Les Français en Italie**, suivi **des Français en Chine, en Syrie et en Cochinchine (1860)**, par le commandant L. Grandin. — Un beau volume in-8 orné de huit portraits hors texte et d'une carte.
Prix. . . . . 5 fr. »
Franco . . . . 5 fr. 50
Ouvrages adoptés par le Ministère de la guerre pour les bibliothèques de garnison.

RÉCITS DE GUERRE (1862-1867). — **Les Français au Mexique**, par le général Thoumas. — Un beau volume in-8 orné de huit portraits hors texte et d'une carte.
Prix. . . . . 5 fr. »
Franco . . . . 5 fr. 50
Ouvrage adopté par le Ministère de la guerre pour les bibliothèques de garnison.

GAULOIS ET GERMAINS. — **Récits militaires**, par le général Ambert. Ouvrage couronné par l'Académie française, adopté par le Ministère de la guerre pour les bibliothèques de garnison. 1re Série : L'Invasion. — Un beau volume in-8 orné de huit portraits hors texte. — 19e édition.
Prix. . . . . 5 fr. »
Franco . . . . 5 fr. 50

2ᵉ Série : **Après Sedan.** — Un beau volume in-8 orné de huit portraits
hors texte. — 15ᵉ édition.
Prix. . . . . 5 fr. »
Franco. . . . . 5 fr. 50

3ᵉ Série : **La Loire et l'Est.** — Un beau volume in-8 orné de huit por-
traits hors texte. — 15ᵉ édition.
Prix. . . . . 5 fr. »
Franco . . . . 5 fr. 50

4ᵉ et dernière Série : **Le Siège de Paris.** — Un beau vol. in-8 orné de
huit portraits hors texte. — 13ᵉ édition.
Prix. . . . . 5 fr. »
Franco . . . . 5 fr. 50

Exposer aux yeux des jeunes générations, appelées toutes désormais à
passer sous les drapeaux, un tableau à la fois fidèle et attrayant des Campagnes de l'armée française en ce dernier *demi-siècle*, telle est l'œuvre
éminemment patriotique qu'ont bien voulu s'imposer plusieurs de nos officiers et généraux des plus distingués, aussi experts à tenir la plume qu'à
manier l'épée.

Nous n'avons pas à faire valoir auprès du grand public français le mérite
de ces **Récits militaires contemporains**, couronnés par l'*Académie
française* et adoptés par le *ministère de la guerre* pour les bibliothèques
de garnison, il nous suffira de dire que leur inépuisable succès a dépassé
toute espérance.

En lisant ces pages remplies du plus pur patriotisme, il n'y a pas lieu de
désespérer de l'avenir ; un jour viendra où de nouveaux succès couronne-
ront nos efforts, et ce jour-là, comme au temps de Mérovée et de Clovis,
les élus de la victoire seront portés sur les pavois de notre vaillante armée.

Les Francs-Gaulois de Brennus revivent dans ces *Récits*, et quoi qu'on en
dise, les fils n'ont pas dégénéré de leurs pères.

SOUVENIRS ET RÉCITS (1870-1871). — **Les Soldats Français dans
les Prisons d'Allemagne,** par M. le chanoine Guers, missionnaire
apostolique, ancien aumônier à l'armée du Rhin, au 17ᵉ corps d'armée,
et en Tunisie, ouvrage adopté par le ministère de la guerre pour les
bibliothèques de garnison. — Un beau volume in-8, orné de huit portraits
hors texte. — 4ᵉ édition.
Prix. . . . . 4 fr. »
Franco . . . . 4 fr. 50

LES FORTERESSES FRANÇAISES EN 1870-1871. — **Nos Places Perdues
d'Alsace-Lorraine,** par M. Marcel Poullin, ancien rédacteur de la
France militaire. 1ʳᵉ série. — TABLEAU DE LA GUERRE — STRASBOURG — LA
PETITE-PIERRE — SCHLESTADT — LICHTEMBERG — NEUF-BRISACH — BITCHE. —
Un beau vol. in-8.
Prix. . . . . 4 fr. »
Franco . . . . 4 fr. 50

2ᵉ série. — METZ — PHALSBOURG — MARSAL — THIONVILLE. — Un beau vol.
in-8.
Prix. . . . . 4 fr. »
Franco . . . . 4 fr. 50

Chaque série forme un tout complet et se vend séparément.

LES FORTERESSES FRANÇAISES EN 1870-1871. — **Nos Places Assié-
gées,** par M. Marcel Poullin : VITRY-LE-FRANÇOIS — LAON — TOUL — SOISSONS
— VERDUN — LA FÈRE — AMIENS — MONTMÉDY — MÉZIÈRES — GUISE — ROCROI
— PÉRONNE — LONGWY — LANDRECIES — BELFORT. — Un beau vol. in-8.
Prix. . . . . 4 fr. »
Franco . . . . 4 fr. 50

La France au Pays noir, par Louis d'Estampes. — Un très beau volume in-8 raisin, orné de 22 gravures.
Prix. . . . . 5 fr. »
Franco . . . . 5 fr. 50

Au Pays de Chine, par Paul Antonini. — Un volume in-8, orné de huit gravures hors texte.
Prix, franco . . . . 4 fr. »
Du même auteur. — **Au Pays d'Annam.** — Un beau-volume in-8.
Prix, franco . . . . 4 fr. »

Les Splendeurs de la Terre Sainte, ses Sanctuaires et leurs Gardiens, par M. Sodar de Vaulx, ouvrage dédié à S. E. le Cardinal Sanfelice, archevêque de Naples, honoré d'une lettre d'approbation de S. S. Léon XIII, recommandé par le Rᵐᵉ Bernardin de Portogruaro, ministre général des Franciscains, approuvé par NN. SS. les Archevêques et Evêques de Malines, Namur, Ischia, Limoges, Verdun, etc. — Un très fort volume in-8 de xx-547 pages, orné d'une carte de la Palestine en trois couleurs.
Prix. . . . . 6 fr. »
Franco . . . . 6 fr. 75

Fleurs des Petits Bollandistes, Vie des Saints pour tous les jours de l'année. par M. l'abbé Provost, ancien directeur au grand séminaire de Séez, chanoine honoraire de Séez, curé-archiprêtre de Mortagne, ouvrage approuvé par Mgr Trégaro, évêque de Séez. — Deux beaux volumes in-8.
Prix. . . . . 8 fr. »
Franco . . . . 10 fr. »

Vie de Saint Vincent de Paul, par M. J.-B. Jeannin, ancien préfet des études au collège de Saint-Dizier, ouvrage approuvé par S. G. Mgr l'évêque de Langres. — Un beau volume in-8.
Prix. . . . . 4 fr. »
Franco . . . . 4 fr. 50

OUVRAGES DE J. DE LA FAYE

adoptés par le ministère de la guerre pour les bibliothèques de garnison.

Histoire du général de Sonis, ouvrage dédié au général de Charette. — Un beau volume in-8, orné de huit portraits ou gravures hors texte. — 12ᵉ édition.
Prix. . . . . 4 fr. »
Franco . . . . 4 fr. 50

Histoire de l'amiral Courbet, ouvrage précédé d'une introduction par l'amiral Jurien de la Gravière, membre de l'Académie française. — Un beau volume in-8, orné de huit portraits hors texte. — 9ᵉ édition.
Prix. . . . . 4 fr. »
Franco . . . . 4 fr. 50

Le général Ambert, sa vie et ses œuvres. — Un volume in-8, orné de six portraits.
Prix. . . . . 3 fr. »
Franco . . . . 3 fr. 50

UNE FAMILLE DE MARINS, les **Du Petit Thouars**, ouvrage précédé d'une *Introduction*, par le contre-amiral Fournier. — Un vol. in-8, orné de huit gravures ou portraits.
Prix. . . . . 3 fr. »
Franco . . . . 3 fr. 50

Dix Grands Chrétiens du siècle. Donoso Cortès. — O'Connell. — Ozanam. — Montalembert. — De Melun. — Dupont. — Louis Veuillot. — Garcia Moreno. — De Sonis. — Windthorst, par J.-M. Villefranche. — Un beau vol. in-8, orné de dix portraits.

Prix . . . . 3 fr. 50
Franco . . . . 4 fr. »

Histoire du général Chanzy, par J.-M. Villefranche, ouvrage adopté par le ministère de la guerre pour les bibliothèques de garnison. — Un beau vol. in-8 avec portrait. — 3e édition.

Prix . . . . 4 fr. »
Franco . . . . 4 fr. 50

Vie de Dom Bosco, fondateur de la Société salésienne, par J.-M. Villefranche, auteur de l'*Histoire de Pie IX.* — Un beau volume in-8. — 11e édition.

Prix . . . . 4 fr. »
Franco . . . . 4 fr. 50

Vie de Mgr Darboy, archevêque de Paris, mis à mort en haine de la foi le 24 mai 1871, par M. l'abbé J. Guillermin, aumônier de la Présentation, à Saint-Tropez, avec lettre-préface de Mgr Oury, évêque de Fréjus et Toulon. — Un vol. in-8, orné d'un portrait.

Prix . . . . 4 fr. »
Franco . . . . 4 fr. 50

Ouvrage honoré d'une lettre du Saint-Père et de nombreuses approbations épiscopales.

Vie de Saint Nicolas, évêque de Myre, patron de la jeunesse, par M. l'abbé J. Laroche. — Un beau volume in-8 orné de quatorze gravures. 2e édition.

Prix . . . . 4 fr. »
Franco . . . . 4 fr. 50

Ouvrage approuvé par NN. SS. les archevêques et évêques de Bourges, Cambrai, Nancy, Saint-Dié, etc.

Berryer, sa vie et ses œuvres, par le R. P. Lecanuet, prêtre de l'Oratoire. — Un beau volume in-8 de 500 pages, orné de deux belles gravures, portrait de Berryer et château d'Augerville, avec autographe.

Prix . . . . 6 fr. »
Franco . . . . 6 fr. 50

Les Illustrations et les Célébrités du XIXe Siècle. — Chaque série (un beau volume in-8, titre rouge et noir) forme un tout complet et se vend séparément.

Prix, franco . . . . 4 fr. »

Première série. — LÉON XIII, par Louis Teste. — LE GÉNÉRAL VINOY, par le général Ambert. — LE FRÈRE PHILIPPE, par J. d'Arsac. — MONTALEMBERT, par J. Fourier. — DROUOT, par le général Ambert. — SŒUR ROSALIE, par J.-H. Olivier. — JASMIN, par Camille d'Arvor. — COMTESSE DE CHAMBORD, par P. Védrenne. — LE MARÉCHAL DE MONCEY, par le général Ambert. — ARMAND DE MELUN, par Dom Piolin. — EUGÉNIE ET MAURICE DE GUÉRIN, par C. d'Arvor. 1 vol.

Deuxième série. — LE GÉNÉRAL DE LAMORICIÈRE, par A. Rastoul. — AUGUSTIN COCHIN, par G. Pinta. — LE MARÉCHAL DE SAINT-ARNAUD, par le général Ambert. — LOUIS VEUILLOT, par H. de Mongeot. — CHATEAUBRIAND, par P. Védrenne. — R. P. DE RAVIGNAN, par A. VIVIER. 1 vol. — LA R. M. ANNE-MARIE JAVOUHEY, par le R. P. Etienne Babin, bénédictin.

Troisième série. — LE PRINCE IMPÉRIAL, par F. de Barghon Fort-Rion. — DOM PROSPER-LOUIS-PASCAL GUÉRANGER, par Dom Piolin. — M. LAINÉ, par Ch. de Négrondes. — H. FLANDRIN, par C. de Beaulieu. — DUPUYTREN, par le docteur de Puyset. — LE PRINCE J. PONIATOWSKI, par le général Ambert. — CHARLES X, par P. Védrenne. — ABRAHAM LINCOLN, par A. Tachy. — BOIELDIEU, par J. d'Apprieu. — LE DUC DE REICHSTADT, par Jean Mandé. — LE MARÉCHAL PÉLISSIER, DUC DE MALAKOFF, par le général Ambert. — DAVID LIVINGSTONE, par J. d'Arsac. — JEAN REBOUL, par le baron de Prinsac. — MARIE-AMÉLIE, REINE DES FRANÇAIS, par Alexis Saüer.

Quatrième série. — HYACINTHE-LOUIS DE QUÉLEN, ARCHEVÊQUE DE PARIS, par J. Guillermin. — L'AMIRAL DE LA RONCIÈRE LE NOURY, par J. S. Girard. — LE GÉNÉRAL J.-A. GARFIELD, par A. Tachy. — LE GÉNÉRAL CAVAIGNAC, par le général Ambert. — LE PÈRE FÉLIX, par Alexis Franck. — ETIENNE GEOFFROY SAINT-HILAIRE, par Joseph Lebrun. — LE DUC DE RICHELIEU, MINISTRE DE LOUIS XVIII, par P. Védrenne. — DAVID D'ANGERS, par C. de Beaulieu. — CAVOUR, par Edmond Robert. — LE GÉNÉRAL MARGUERITTE, par le général Ambert. — Mme RÉCAMIER, par J. de Cherzoubre. — PAUL BEZANSON, LE DERNIER MAIRE FRANÇAIS DE METZ, par J. d'Arsac. — JOSEPH ET XAVIER DE MAISTRE, par J. des Aperts. — LE GÉNÉRAL LA FAYETTE, par Anatole de Gallier. 1 vol.

Cinquième série. — SILVIO PELLICO, par J. d'Apprieu. — LE COMTE HENRI DE RIANCEY, par Ch. de Montrevel. — BUGEAUD, par le général Ambert. — OZANAM, par Dom Piolin. — MGR AFFRE, par J. Guillermin. — LE GÉNÉRAL FOY, par Elie Fleury. — AUGUSTE BARBIER, par J. d'Apprieu. — LES FRÈRES HAÜY, par Joseph Lebrun. — SCHNEIDER, par J. S. Girard. — ROYER-COLLARD, par P. Védrenne. — LE PLAY, par A. Rastoul. — MGR GERBET, par Dom Piolin. — DANIEL MANIN, DICTATEUR DE VENISE, par J. Morey. — LE COLONEL TAILLANT, DÉFENSEUR DE PHALSBOURG, par le général Ambert. 1 vol.

Sixième série. — ROSSINI, par le comte de Sars. — THÉNARD, par le docteur Alfred Tixier. — EDGARD-QUINET, par J.-M. Villefranche. — INGRES, par C. de Beaulieu. — LES QUATRE SERGENTS DE LA ROCHELLE (BORIES, GOUBIN, POMMIER, RAOULX), par Charles de Négrondes. — ROSTOPCHINE, par le marquis de Ségur. — JEAN-MARIE DE LA MENNAIS, FONDATEUR DE L'INSTITUT DES FRÈRES DE L'INSTRUCTION CHRÉTIENNE, par J. d'Arsac. — LÉOPOLD Ier, ROI DES BELGES, par C.-J. Drioux. — LA COMTESSE DE SÉGUR, NÉE ROSTOPCHINE, par le marquis de Ségur. — MAXIMILIEN Ier, EMPEREUR DU MEXIQUE, par J. d'Apprieu. — CASIMIR DELAVIGNE, par Ch. de Négrondes. — AUGUSTE SIBOUR, ARCHEVÊQUE DE PARIS, par J. M. Guillermin. — VILLEMAIN, par Victor Jeanroy. — JOSEPH JACQUARD, par J. Lebrun. — LORD PALMERSTON, par Jean Mandé. — LE DESSINATEUR CHAM (COMTE DE NOÉ), par C. de Beaulieu. 1 vol.

Septième série. — LOUIS-PHILIPPE Ier, ROI DES FRANÇAIS, par J.-S. Girard. — CHARLES NODIER, par le baron de Prinsac. — MGR DUPANLOUP, par J. Morey. — ADOLPHE THIERS, par J.-M. Villefranche. — LE GÉNÉRAL CAMBRIELS, par Ch. de Montrevel. — LE GÉNÉRAL CHANZY, par J. de Baudoncourt. — V. DE VERNA, PREMIER PRÉSIDENT DE L'ŒUVRE DE LA PROPAGATION DE LA FOI, par le général Ambert. — LE GÉNÉRAL BARON AMBERT, par le général Ambert son fils. — LE DUC ET LA DUCHESSE D'ORLÉANS, par Ch. de Montrevel. 1 vol.

Huitième série. — NAPOLÉON III, par le général Ambert. — Mme SWETCHINE, par J. de Cherzoubre. — LE CARDINAL CONSALVI, par F. de Montagney. — CARNOT, par J. Nicolas. — LE CARDINAL GUIBERT, par H. Demesse. — JOUBERT, par le marquis de Ségur. — JOUFFROY, par V. Jeanroy. — M. DE MARTIGNAC, par Prosper Védrenne. — CUVIER, par Dom Piolin. — GŒTHE, par J. d'Apprieu. — CHARLES-ALBERT, ROI DE SARDAIGNE, par A. Tachy. — MGR DE SÉGUR, par le marquis de Ségur. — EUGÈNE DELACROIX, par C. de Beaulieu. — LE SERGENT BLANDAN, par E. Perret, capitaine de zouaves. 1 vol.

Neuvième série. — LE T. H. FRÈRE PHILIPPE ET LES FRÈRES PENDANT LA GUERRE DE 1870-1871, par le général Ambert. — DUMOURIEZ, par Elie

Fleury. — Le R. P. Captier, par J. d'Arsac. — Victor Cousin, par J. des Aperts. — Le maréchal Ney, par E. Perret, capitaine de zouaves. — Le prince de Metternich, par Albert Lepitre. — Le cardinal Maury, par J. Nicolas. — Viollet-Leduc, par F. Bournand. — Lord Byron, par J. d'Apprieu. — Le R. P. Rey, fondateur de la colonie agricole de Citeaux, par J. Guillermin. — Siéyès, par J. Morey. — Le prince Eugène de Beauharnais, par le comte de Sars. 1 vol.

Dixième série. — Le général Daumesnil, par le général Ambert. — Proudhon, par J.-M. de Baudoncourt. — Marie-Christine de Savoie, par Jacques de la Faye. — Le vicomte de Narbonne-Lara, par Victor Jeanroy. — Le maréchal Davoust, par Marcel Poullin. — Jean-Baptiste Isabey, par C. de Beaulieu. — Le cardinal Morlot, par J. Guillermin. — Francis Garnier, par le colonel, F.-A. Protche. — Le vice-amiral Bouet-Willaumez, par A. Dupré-Lassalle. — Gustave Doré, par C.-A. de Beaulieu. — Le général Pajol, par le général Ambert. — Pie VIII, par Dom Piolin. 1 vol.

Onzième série. — Général Decaen, par le comte de Sars. — Gambetta, par J.-M. Villefranche. — Duchesse d'Angoulême, par René de Saint-Chéron. — Claude Bernard, par Alfred Tixier. — Louis XVIII, par J. Nicolas. — Antoine de Salinis, par Dom Piolin. — Ponsard, par J. d'Aprieu. — Nicolas Ier, par Aimé Giron. — O'Connell, par A. Lepitre. — Masséna, par E. Perret. — Les volontaires de l'Ouest (1870-1871) : Cathelineau, par Alexis Franck, 1 vol.

Douzième série. -- Le P. Lacordaire, par J. Guillermin. — François II, roi des Deux-Siciles, par Ch. de Montrevel. — Le maréchal Soult, par le général Ambert. — Le duc de Berry, par Ch. de Négrondes. — Berryer, par Albert Lepitre. — L'amiral de Mackau, par Jacques de la Faye. — Ampère, par J.-B. Jeannin. — Frayssinous, par J. Nicolas. — Guizot, par Ch. Barthélemy. — Félicité de Lamennais, par Mgr Ricard. — Le Pape Léon XII, par Dom Piolin. 1 vol.

« Les Illustrations du XIXᵉ Siècle en sont à leur douzième série : près de soixante mille volumes se sont écoulés en quatre ans, et vraiment elles méritent l'accueil flatteur que leur a fait le monde littéraire. Ce sont des biographies écrites avec talent par des auteurs connus, tels que le général Ambert, Dom Piolin, Rastoul, le colonel Protche, etc., etc. On y rencontre les personnages les plus divers. Dans le premier volume, je note en courant Léon XIII, le général Vinoy, Montalembert, Drouot, la touchante figure de sœur Rosalie, Eugénie et Maurice de Guérin, etc.; dans la douzième série, paraissent Lacordaire, Berryer, Ampère, Frayssinous, Lamennais, etc. Tous ces portraits, que des anecdotes choisies avec soin rendent plus ressemblants, forment une sorte de galerie fort intéressante, où l'on peut sans fatigue se mettre au courant de l'histoire contemporaine, et puiser dans l'exemple de nos gloires nationales l'amour de la France et de l'Église. »   P. M.

(Etudes religieuses des RR. PP. Jésuites.)

Biographies du XIXᵉ Siècle. Suite des « Illustrations et Célébrités du XIXᵉ Siècle ». — Chaque série ou volume *(avec portrait des personnages)* forme un tout complet et se vend séparément.
Prix, franco . . . . 3 fr. 50

Première série. — Général de Pimodan, par Jacques de la Faye. — Victor-Emmanuel II, par Ch. de Montrevel. — Duc de Morny, par Adolphe Racot. — H. Perreyve, par V.-A. Lertora. — Général de Ségur, par le marquis de Ségur. — A. de Tocqueville, par J. Nicolas. — Alexandre Ier, empereur de Russie, par le marquis de Ségur. — 1 beau volume in-8 orné de 7 portraits hors texte.

Deuxième série. — Paul Ier, empereur de Russie, par le marquis de Ségur. — R. P. Milleriot, par Alexis Franck. — Marquis de Jouffroy, par

P. de Pradel. — Drouyn de Lhuys, par Paul Antonini. — Sainte-Beuve, par J. Guillermin. — Amiral Courbet, par E. Perret. — William Pitt, par A. Lepitre. — 1 beau volume in-8, orné de 7 portraits hors texte.

Troisième série. — Augustin Thierry, par Ch. Barthélemy. — Baron de Stein, par René de Saint-Chéron. — R. P. Gratry, par Napoléon Peyrat.— Fouché, par A. Lepitre. — Abd-el-Kader, par E. Perret. — Gaillard, peintre-graveur, par C. de Beaulieu. — Général de Brauer, par A. de Sars. — Amiral Dumont d'Urville, par G. d'Aurgel. — 1 beau-volume in-8, orné de 8 portraits hors texte.

Quatrième série. — Georges Cadoudal, par le commandant Grandin. — Schiller, par J. d'Apprieu. — Théodore Aubanel, par A. Ricard. — J.-B. Dumas, par René de Chazelles. — Ferdinand IV et Marie-Caroline, roi et reine de Naples, par Jacques de la Faye. — Le cardinal de Bonnechose, par Dom Piolin. — Michelet, par A. Lepitre. — Le général Moreau, par E. Perret. — 1 beau volume in-8, orné de 7 portraits hors texte.

Cinquième série. — Les frères Montgolfier, par Paul Combes. — Prince Frédéric-Charles, par le commandant Grandin. — Comte de Falloux, par A. Ricard. — Mgr de la Bouillerie, par le marquis de Ségur. — Brizeux, par J. Guillermin. — Georges Gordon, par Constant Améro. — Cardinal Fesch, par J. des Aperts. — Charles Darwin, par A. Ricard. — 1 beau volume in-8, orné de 8 portraits hors texte.

Sixième série. — Victor Hugo, par Albert Lepitre. — Paul-Louis Courier, par Ant. Ricard. — Le général Pichegru, par le capitaine Perret. — L'Impératrice Joséphine, par Jacques de la Faye. — J. B. Carpeaux, par François Bournand. — Le vénérable J. B. Vianney, curé d'Ars, par J. Nicolas.— Alfred de Musset, par J. Guillermin. — 1 beau volume in-8 orné de 7 portraits hors texte.

Septième série. — Pie IX, par le R. P. Dom Piolin. — Garcia Moreno, par le commandant Grandin. — Alexandre II, par le marquis A. de Ségur. — Emile Littré, par J. d'Arsac. — Le général Changarnier, par le capitaine E. Perret. — Arthur Schopenhauer, par Ant. Ricard. — Lacépède, par Louis Lavy. — 1 beau volume in-8 orné de 7 portraits hors texte.

Huitième série. — Le comte de Chambord, par J. d'Arsac. — Ludovic Vitet, par Ch. de Ricault d'Héricault. — Félicien David, par Ch. de Montrevel. — Le cardinal Pie, par un docteur en théologie. — Guillaume Ier, empereur d'Allemagne, par J. de Baudoncourt. — Grégoire XVI, par le R. P. Dom Piolin. — 1 beau volume in-8 orné de 6 portraits hors texte.

Neuvième série. — Amiral Duperré, par le capitaine E. Perret. — Milosch Obrénovitch, par Constant Améro. — L'Impératrice Marie-Louise, par J. de la Faye. — Berlioz, par X. de Railles. — Prince Albert, par J. de la Valette. — Benjamin Constant, par A. Ricard. — Maréchal Oudinot, par le commandant Grandin. — 1 beau volume in-8 orné de 7 portraits hors texte.

Dixième série. — Le général Lecourbe, par le commandant d'Equilly. — Frédéric III, empereur d'Allemagne, par J. de Baudoncourt. — Le général de Sonis, par J. de la Faye. — Danilo Ier, prince du Montenegro, par Constant Améro. — Le maréchal Brune, par J.-B. Jeannin. — Bernadotte, par le général Ambert. — Lamartine, par J. d'Arsac. — Un beau volume in-8 orné de 7 portraits hors texte.

Ces nouveaux volumes des Biographies du XIXe Siècle sont remarquables à plusieurs titres : d'abord par la variété des sujets, ensuite par la compétence spéciale de chacun des auteurs qui y ont collaboré, enfin par leur unité, résultat de l'esprit chrétien qui les inspire tous. La variété des sujets d'abord. Il suffit, pour l'établir, de nommer tous les grands personnages, célèbres à des titres divers, dont les portraits passent tour à tour devant nos yeux. Ce sont, dans un, le comte de Chambord, Vitet, Félicien David, le cardinal Pie, Guillaume Ier et Grégoire XVI; dans un autre, Pie IX, Garcia Moreno, Alexandre II, Littré, Changarnier, Schopenhauer et Lacépède; dans un autre encore, Victor Hugo, Paul-Louis Courier, l'impératrice Joséphine, Pichegru, Carpeaux, le vénérable curé d'Ars et Alfred de Musset. Rois, empereurs, princes de l'Église, souverains pontifes, artistes, poètes, généraux, écrivains, philosophes, c'est, on le voit, sous ses manifestations multiples, toute l'histoire contemporaine, mise en scène d'une façon très vivante et racontée avec une grande hauteur de vues et une rare impartialité. Louanges et blâmes se rencontrent sous la plume des auteurs, toujours distribués à propos, suivant la mesure du mérite et sans souci de courtiser les fausses popularités.

Quant aux auteurs, ils sont tous justement connus, quelques-uns célèbres à bon droit. Ils s'appellent, en effet, J. d'Arsac, Ch. d'Héricault, Dom Paul Piolin, commandant Grandin, marquis de Ségur, capitaine Perret, Mgr Ricard, l'abbé Lepitre, Jacques de la Faye, François Bournand, l'abbé Guillermin : j'en passe, et des meilleurs : — cela soit dit pour consoler ceux que je ne nomme pas. En ce qui concerne l'esprit chrétien qui anime ces pages, les noms que je viens de transcrire en sont le plus sûr garant. *Jeunes gens qui voulez connaître le fort et le faible des grands hommes de notre temps, lisez ces livres.* Vous y verrez pourquoi tel grand poète, tel écrivain distingué, n'a laissé après lui qu'une gloire contestée, dont le génie ne peut effacer ni même atténuer les taches. Vous y verrez au contraire ce qui fait les grands papes, les grands évêques, les grands saints, et, pour rester dans une sphère moins haute, comment se forment les grands hommes de bien, qui resteront, à meilleur titre que les grands génies, l'honneur de l'humanité. De toutes ces vies si diverses se dégagent de grandes leçons, qui, venues de par delà la tombe, seront mieux comprises et plus goûtées des vivants.

P. Talon.

(Le Polybiblion.)

Histoire anecdotique de la France, par Ch. d'Héricault. Ouvrage publié en sept beaux volumes in-8 ou séries, formant chacun un tout complet et se vendant séparément. — Chaque série ou volume orné de huit gravures hors texte.

Prix. . . . . 5 fr. »
Franco . . . . 5 fr. 50

1re Série : Les Origines du peuple français. — 2e Série : Le Moyen age. — 3e Série : La Renaissance. — 4e Série : L'Ancien régime. — 5e Série : La Révolution. — 6e Série : Le Régime moderne. — 7e Série : La Période contemporaine.

L'histoire de France se divise naturellement en sept périodes : les **Origines**, le **Moyen âge**, la **Renaissance**, l'**Ancien régime**, la **Révolution**, le **Régime moderne**, la **Période contemporaine**. L'auteur a suivi ces divisions naturelles. Chaque volume forme d'ailleurs un tout complet et séparé.

Le nom de l'écrivain suffit à recommander cet important ouvrage et à en faire valoir les mérites. Le public est persuadé d'avance que cette œuvre patriotique et chrétienne ne pouvait être confiée à de meilleures mains.

ŒUVRES DU GÉNÉRAL AMBERT

GAULOIS ET GERMAINS. — **Récits militaires.** Ouvrage couronné par l'Académie française, adopté par le Ministère de la guerre pour les bibliothèques de garnison. — 1re série : L'Invasion. — 19e édition. — 2e série : Après Sedan. — 15e édition. — 3e série : La Loire et l'Est. — 15e édition. — 4e et dernière série : Le Siège de Paris. — 13e édition.

Chaque série ou vol. in-8 orné de huit portraits hors texte, se vend séparément.

Prix. . . . . 5 fr. »
Franco . . . . 5 fr. 50

L'Héroïsme en soutane. — Un beau vol. in-8 orné de dix gravures.
Prix. . . . . 4 fr. »
Franco . . . . 4 fr. 50

Les Généraux de la Révolution (1792-1804). Portraits militaires. — Un beau vol. in-8 orné de quinze portraits.
Prix. . . . . 4 fr. »
Franco . . . . 4 fr. 50

Le Chemin de Damas. — Un beau volume in-8.
Prix. . . . . 4 fr. »
Franco . . . . 4 fr. 50

Autour de l'Église. — 2 volumes in-8.
Prix. . . . . 4 fr. »
Franco . . . . 4 fr. 50

Le Pays de l'honneur. — 2 volumes in-8.
Prix. . . . . 4 fr. »
Franco . . . . 4 fr. 50

Notre temps, ses qualités et ses travers, d'après les fables de Lafontaine, par Sa Grandeur Mgr Gilly, évêque de Nîmes. — Un beau vol. in-8.
Prix. . . . . 4 fr. »
Franco . . . . 4 fr. 50

Histoire de France, racontée à mes enfants, par E. de Moussac, avec introduction par M. le Mis A. de Ségur. — Un vol. grand in-8 jésus, orné de 162 belles gravures ou portraits. — 8e édition.
Prix broché, franco . . . . 6 fr. 50
Reliure toile, fers spéciaux. . . . . 9 fr. »

La Patrie française, ses Origines, ses Grandeurs et ses Vicissitudes, par Ch. Barthélemy. — Un beau volume in-8, illustré de seize gravures hors texte.
Prix. . . . . 5 fr. »
Franco . . . . 5 fr. 50
Ouvrage adopté par le Ministère de la guerre pour les bibliothèques de garnison.

Philosophes illustres, leur vie et leurs doctrines. (Antiquité et temps modernes). — I. SOCRATE et ses disciples. — II. PLATON et l'Académie. — III. ARISTOTE et le Lycée. — IV. ÉPICURIENS ET STOÏCIENS. — V. La philosophie à Rome : SÉNÈQUE, ÉPICTÈTE, MARC-AURÈLE, LUCRÈCE, CICÉRON. — VI. BACON, HOBBES, GASSENDI. — VII. DESCARTES et l'école cartésienne. — VIII. MALEBRANCHE. — IX. SPINOSA. — X. LEIBNITZ. — XI. LOCKE. — XII. CONDILLAC. — XIII. KANT, par M. Merklen, professeur de philosophie. — Nouvelle édition augmentée d'une notice sur Kant. Ouvrage précédé d'une lettre-préface de Mgr Bourquard ; approuvé par S. E. le cardinal Foulon, archevêque de Lyon ; Mgr Besson, évêque de Nîmes, etc., etc. — Deux beaux volumes in-8.
Prix . . . . 8 fr. »
Franco. . . . . 10 fr. »

Les Grands Artistes du XVIIIe siècle, peintres, sculpteurs, musiciens, par C. de Beaulieu. — Un très beau et fort volume in-8, orné de seize portraits hors texte.
Prix. . . . . 5 fr. »
Franco . . . . 5 fr. 50

Histoire populaire du Canada, d'après les documents français et
américains, par J.-M. de Baudoncourt. — Un beau volume in-8. — 2ᵉ édit.
Prix. . . . . 5 fr. »
Franco . . . . 5 fr. 50
Ouvrage adopté par le Ministère de la guerre pour les bibliothèques de
garnison.

Histoire de l'Eglise, par Fr.-X. Kraus, docteur en théologie et en
philosophie, professeur d'histoire ecclésiastique à l'Université de Fribourg.
— Traduite par P. Godet et C. Verschaffel, prêtres de l'Oratoire. — Trois
volumes in-8.
Prix. . . . . 12 fr. »
Franco. . . . . 14 fr. »

Le Parfum de Lourdes, récits et souvenirs, par M. Louis Colin.
— 3ᵉ édition. — Un beau volume in-8 écu de 440 pages.
Prix. . . . . 3 fr. 50
Franco . . . . 4 fr. »

Histoire de l'Art chrétien, des origines à nos jours,
par F. Bournand, professeur d'esthétique et d'histoire de l'art à l'Ecole
professionnelle catholique et à l'Association polytechnique ; lauréat de la
Société d'encouragement au bien ; ancien élève de l'Ecole des hautes
études ; ancien vice-président du Cercle catholique de Saint-Roch. — Deux
beaux volumes in-8 cavalier. — Ouvrage orné de nombreuses gravures.
Prix . . . . 8 fr. »
Franco. . . . . 10 fr. »

La Salette, par M. l'abbé I. Bertrand. — Avec 18 gravures. — Un vo-
lume in-8° écu de 526 pages sur beau papier. — 2ᵉ édition.
Prix. . . . . 4 fr. »
Franco . . . . 4 fr. 50
Ouvrage approuvé par NN. SS. les évêques de Grenoble et de Verdun.

**Nouvelle histoire de la littérature française depuis la
Révolution jusqu'à nos jours,** par M. Jeanroy-Félix. — 4 beaux
vol. in-8.
Prix. . . . . 20 fr. »
Franco. . . . . 22 fr. »
Chaque série ou volume forme un tout complet et se vend séparément.
Prix. . . . . 5 fr. »
Franco . . . . 5 fr. 50
1ʳᵉ Série : Histoire de la Littérature pendant la **Révolution** et le pre-
mier **Empire.** — 2ᵉ Série : Histoire de la Littérature pendant la **Restau-
ration.** — 3ᵉ Série : Histoire de la Littérature sous la **Monarchie de
Juillet.** — 4ᵉ Série : Histoire de la Littérature sous le second **Empire** et
la troisième **République.**

Fauteuils de l'Académie française, par M. Prosper Védrenne. —
Quatre beaux et forts volumes in-8, ornés de quarante beaux portraits
hors texte.
Prix . . . . 20 fr. »
Franco. . . . . 22 fr. »
Ouvrage adopté par le Ministère de la guerre pour les bibliothèques de
garnison.

**Gabriel ou la Fin de la Piraterie sous l'empereur Cons-
tantin,** par M. le chanoine J. Reymond. — Deux volumes in-8.
Prix, franco. . . . . 6 fr. »

Les Aventures d'Yvonik Kergoal, scènes et récits de l'ancien et du nouveau régime, par M. L. Arnoulin, professeur d'histoire. — Un beau volume in-8.

Prix. . . . . 4 fr. 50
Franco . . . . 5 fr. »

Introduction scientifique à la Foi chrétienne, par un Ingénieur de l'Etat, ancien élève de l'Ecole polytechnique. — Un volume in-8 écu.

Prix. . . . . 4 fr. »
Franco . . . . 4 fr. 50

Apologie du Christianisme, par Franz Hettinger, docteur en philosophie et en théologie, professeur de théologie à l'Université de Wurtzbourg. — Traduction de l'allemand par M. Julien Lalobe de Felcourt, licencié en droit, et M. J.-B. Jeannin, préfet des études au collège de l'Immaculée-Conception de Saint-Dizier. — 3e édition revue et considérablement augmentée suivant la nouvelle édition allemande. — Cinq beaux volumes in-8 carré, sur papier vergé.

Prix, franco . . . . 25 fr. »

Défense du Christianisme, par Frayssinous. — Deux volumes in-8 carré.

Prix, franco . . . . 5 fr. »

Le Règne du Christ, l'Église militante et les derniers Temps, par M. l'abbé Thomas, vicaire général de Verdun, auteur des ÉTUDES CRITIQUES SUR LES ORIGINES DU CHRISTIANISME et des TEMPS PRIMITIFS ET LES ORIGINES RELIGIEUSES. — Un volume in-8.

Prix. . . . . 4 fr. »
Franco . . . . 4 fr. 50

L'Église et la Liberté. ÉTUDES SUR L'ÉGLISE, SA NATURE, SON ESPRIT, SES BIENFAITS, par Georges Romain, auteur de LE MOYEN AGE FUT-IL UNE ÉPOQUE DE TÉNÈBRES ET DE SERVITUDE? — 4e édition entièrement refondue. — Un beau et fort volume in-8.

Prix, franco . . . . 6 fr. »

Le Moyen âge fut-il une époque de ténèbres et de servitude? — Études, par M. Georges Romain. — Un volume in-8. — 2e édition.

Prix. . . . . 4 fr. »
Franco . . . . 4 fr. 50

Histoire authentique des Sociétés secrètes DEPUIS LES TEMPS LES PLUS RECULÉS JUSQU'A NOS JOURS, leur rôle politique, religieux et social, par un ancien Rose-Croix. — Un beau volume in-8, titre rouge et noir.

Prix, franco. . . . . 5 fr. »

Dictionnaire classique de la Langue française. Le plus exact, le plus complet de tous les ouvrages de ce genre et le seul où l'on trouve la solution de toutes les difficultés grammaticales et généralement de toutes les difficultés inhérentes à la langue française; suivi d'un DICTIONNAIRE GÉOGRAPHIQUE, HISTORIQUE, BIOGRAPHIQUE ET MYTHOLOGIQUE, par H. Bescherelle jeune, officier d'Académie, membre de plusieurs sociétés savantes. — 6e édition. — Un très fort volume grand in-8 raisin sur fort papier (à deux colonnes) de 1232 pages, imprimé en caractères neufs, et renfermant la matière de 8 volumes in-8 ordinaires.

Prix, franco : Broché . . . . 11 fr. »
—   Relié toile pleine. . . . . 13 fr. »
—   Relié demi-chagrin. . . . . 13 fr. 60

Bibliothèque du Dimanche. — Collection in-18 jésus ; 3 fr. le volume. — Titre rouge et noir.

LE PRIEURÉ, par M. Maryan, 1 vol.
PETITE REINE, par M. Maryan, 1 vol.
LES RUINES DE FOUGUEIL, par G. d'Ethampes, 1 vol.
LA DERNIÈRE DES RAVAUDEUSES, par le vicomte H. du Mesnil, 1 vol.
LES ILES SAUVAGES, par Raoul de Navery, 1 vol.
L'HÉRITIÈRE DU COLONEL, par G. d'Ethampes, 1 vol.
FRANÇOISE DE CHAVERNY, par J. de Cherzoubre, 1 vol.
LA ROCHE D'ENFER, par G. du Vallon, 1 vol.
UN ONCLE A HÉRITAGE, par S. Blandy, 1 vol.
LA VEUVE DU GARDE, par Raoul de Navery, 1 vol
ROSELINE, par A. Franck, 1 vol.
LA CASSETTE DU BARON DU FAOUÉDIC, par C. d'Arvor, 1 vol.
LES COIFFES DE SAINTE CATHERINE, par Raoul de Navery, 1 vol.
MAXIME DUFOURNEL, par Mme Gabrielle d'Arvor, 1 vol.
LES DUPES, par Raoul de Navery, 1 vol.
HISTOIRE D'UNE FERMIÈRE. — FAUSTINE, par Mme Bourdon, 1 vol.
L'HÉRITIER DE MONTVEIL, par Marie Guerrier de Haupt, lauréat de l'Académie, 1 vol.
LA DETTE DE ZEÉNA, par S. Blandy, 1 vol.
UN ROMAN DANS UNE CAVE, par Claire de Chandeneux, 1 vol.
LES CHEMINS DE LA VIE, par M. Maryan, 1 vol.

Les ouvrages qui rentrent dans notre collection n'y sont admis qu'après sérieux examen. Bien qu'ils aient la forme et l'attrait du roman de nos jours, on n'y trouve rien qui surexcite l'imagination, parce que les pensées et les sentiments y sont surveillés et maintenus dans les bornes d'une irréprochable convenance.

Considérés au point de vue du mérite littéraire, ces ouvrages se recommandent encore par l'élégance du style et les noms bien connus qui les ont signés.

www.ingramcontent.com/pod-product-compliance
Lightning Source LLC
Chambersburg PA
CBHW071628270326
41928CB00010B/1827